Împotriva acestor lucruri nu este lege

Roada Duhului Sfânt

Împotriva acestor lucruri nu este lege

Dr. Jaerock Lee

Împotriva acestor lucruri nu este lege de Dr. Jaerock Lee
Carte publicată de către Urim Books (Reprezentant: Johnny. H. Kim)
361-66, Shindaebang-Dong, Dongjak-Gu, Seoul, Korea
www.urimbooks.com

Toate drepturile rezervate. Această carte nu poate fi reprodusă sub nicio formă, păstrată într-un sistem de regăsire a informațiilor sau transmisă în vreo formă, fie electronică, mecanică, prin fotocopiere sau prin înregistrare fără acceptul prealabil, în scris, al editurii.

Citatele bilice au fost extrase din versiunea Dumitru Cornilescu.

Drepturi de autor © 2013 Dr. Jaerock Lee
ISBN: 979-11-263-0833-0 03230
Drepturi de autor pentru traducere © 2013 Dr. Esther K. Chung.
Material folosit cu permisiune.

Prima ediție publicată în octombrie 2013

Publicată anterior în limba coreeană în 2009 de către editura Urim Books în Seoul, Coreea

Editor Dr. Geumsun Vin
Designul executat de către editura Urim Books
Pentru informații suplimentare contactați-ne la: urimbook@hotmail.com

„*Roada Duhului, dimpotrivă, este: dragostea, bucuria, pacea, îndelunga răbdare, bunătatea, facerea de bine, credincioşia, blândeţea, înfrânarea poftelor. Împotriva acestor lucruri nu este lege.*"
(Galateni 5:22-23)

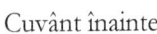

Cuvânt înainte

Creștinii dobândesc adevărata libertate când aduc roada Duhului Sfânt, împotriva căreia nu este lege.

Oamenii trebuie să respecte anumite reguli și regulamente în funcție de situația în care se află. Când percep aceste reguli ca pe niște lanțuri care îi țin încătușați, se vor simți împovărați și întristați. Și, dacă din cauza apăsării își dau frâu liber și creează neorânduială, asta nu înseamnă că sunt liberi cu adevărat. După ce se dedau la astfel de lucruri, tot ce vor experimenta va fi un sentiment de deșertăciune și doar moartea veșnică îi va aștepta la capătul drumului.

Adevărata libertate este izbăvirea de moartea veșnică și de toate lacrimile, de regrete și de suferință. De asemenea, înseamnă să ne putem struni firea pământească care le aduce pe toate acestea și să dobândim puterea de a învinge ispita. Dumnezeul dragostei nu dorește ca noi să suferim în vreun fel și, din acest motiv, ne-a arătat în Biblie care este calea care duce la viață veșnică și la adevărata libertate.

Infractorii sau cei care au încălcat legea țării devin agitați când văd polițiști. Dar, cei care ascultă de lege întru totul nu au de ce să se simtă astfel. Ei se pot adresa oricând oamenilor legii, cerându-le ajutor și simțindu-se protejați de aceștia.

Tot astfel, cei care trăiesc potrivit cu adevărul nu se tem de nimic și se bucură de adevărata libertate deoarece înțeleg că legea lui Dumnezeu este calea spre binecuvântare. Se pot bucura de libertate cum se bucură balenele de oceanul în care înoată și vulturii de văzduhul în care zboară.

Practic, Legea lui Dumnezeu vorbește despre patru tipuri de lucruri care descriu ce trebuie să facem, ce trebuie să nu facem, ce trebuie să păzim și de ce trebuie să ne lepădăm. Pe măsură ce trece timpul, lumea devine tot mai întinată de păcat și răutate și, din acest motiv, tot mai mulți oameni se simt împovărați de legea lui Dumnezeu și nu o păzesc. În vremea vechiului testament, Israeliții au suferit teribil când nu au păzit Legea lui Moise.

Dumnezeu L-a trimis pe Isus pe acest pământ și i-a scos pe toți oamenii de sub blestemul Legii. Isus cel fără de păcat a murit pe cruce și oricine crede în El poate fi mântuit prin credință. După ce oamenii Îl acceptă pe Isus Cristos în viața lor primesc darul Duhului Sfânt și devin copii ai lui Dumnezeu. De asemenea, prin călăuzirea Duhului Sfânt, ei pot aduce roada Duhului Sfânt.

Duhul Sfânt vine în inima noastră și ne ajută să înțelegem lucrurile adânci ale lui Dumnezeu și să trăim conform Cuvântului lui Dumnezeu. De exemplu, când ne este greu să iertăm pe cineva, El ne reamintește de iertarea și dragostea Domnului și ne ajută să o iertăm pe acea persoană. Atunci vom putea să ne lepădăm repede de răul din inimă și să îl înlocuim cu bunătate și dragoste. Astfel, pe măsură ce aducem roada Duhului Sfânt călăuziți fiind de Duhul Sfânt, vom putea nu numai să ne bucurăm de libertatea dată de adevăr dar și să primim din belșug dragostea și binecuvântarea lui Dumnezeu.

Prin roada Duhului Sfânt, putem să ne cercetăm pe noi înșine ca să vedem cât de mult ne-am sfințit, cât de aproape de tronul lui Dumnezeu ne putem apropia și cât de mult am cultivat o inimă ca a Domnului, care este mirele nostru. Cu cât aducem mai multă roadă a Duhului, cu atât mai strălucitor și mai frumos va fi locașul ceresc în care vom intra. Pentru a intra în Noul Ierusalim din Cer, trebuie să producem roadele Duhului pe deplin și nu doar în parte.

Lucrarea de față, Împotriva acestor lucruri nu este lege, vă va ajuta să înțelegeți cu ușurință semnificația spirituală a celor nouă roade ale

Duhului Sfânt și vă va furniza exemple specifice. Roadele Duhului Sfânt, împreună cu Dragostea Spirituală din 1 Corinteni 13 și fericirile din Matei 5, sunt indicatoare care ne călăuzesc spre credința adevărată. Acestea ne vor conduce pe calea credinței până când vom ajunge la destinația finală, Noul Ierusalim.

Îi mulțumesc lui Geumsun Vin, directoarea biroului editorial, și întregii echipe, și mă rog în numele Domnului ca, în urma citirii acestei cărți, să produceți repede cele nouă roade ale Duhului Sfânt pentru a vă putea bucura de adevărata libertate și pentru a putea locui în Noul Ierusalim.

Jaerock Lee

Introducere

Un indicator pe calea credinței care duce la Noul Ierusalim din Cer

În lumea modernă, toți sunt ocupați peste măsură. Oamenii lucrează și se spetesc din greu să adune și să se bucure de multe lucruri. Unii însă au scopuri în viață proprii care nu coincid cu tendințele actuale dar, chiar și acești oameni ajung să se întrebe din când în când dacă și-au găsit cu adevărat rostul în viață. La acel moment s-ar putea să arunce o privire retrospectivă asupra vieții. Și pe calea credinței, când ne cercetăm în lumina Cuvântului lui Dumnezeu, putem avea parte de o creștere accelerată și o putem apuca pe o scurtătură care duce la Împărăția Cerurilor.

Capitolul 1, „Cum aducem roada Duhului Sfânt," vorbește despre cum Duhul Sfânt aduce la viață duhul mort al omului, duh care a murit din cauza păcatului lui Adam. Ne învață cum putem aduce din belșug roada Duhului Sfânt când facem voia Duhului Sfânt.

Capitolul 2, „Dragostea", explică ce se înțelege prin „dragoste" ca prima roadă a Duhului. De asemenea, prezintă unele forme corupte de dragoste care au apărut după căderea lui Adam în păcat și ne învață modalități prin care putem cultiva dragostea, lucru plăcut lui Dumnezeu.

Capitolul 3, „Bucuria", ne învață că bucuria este standardul pe baza căruia verificăm dacă credința noastră este desăvârșită și ne explică motivul pentru care am pierdut bucuria dragostei dintâi. Ne prezintă trei modalități prin care putem produce această roadă care ne face să ne bucurăm și să ne veselim în orice circumstanțe sau situații ne-am afla.

Capitolul 4, „Pacea", ne arată că, pentru a avea pace cu Dumnezeu, este important să dărâmăm zidurile de păcat și să fim împăcați cu noi înșine și cu cei din jur. De asemenea, ne arată cât de important este să rostim cuvinte pline de bunătate și să considerăm lucrurile din perspectiva celuilalt pe parcursul procesului de împăcare.

Capitolul 5, „Răbdarea", explică ce înseamnă a fi cu adevărat răbdător: nu doar a suprima sentimentele negative în mod continuu ci a face acest lucru cu o inimă lipsită de răutate. Când avem adevărata răbdare, primim binecuvântări mari. Răbdarea se împarte în trei: răbdarea care poate schimba inima unui om, răbdarea față de oameni și răbdarea față de Dumnezeu.

Capitolul 6, „Bunătatea", ne învață caracteristicile unei persoane care are bunătate, luându-L ca exemplu pe Domnul. Privind la caracteristicile bunătății, vom vedea cum aceasta se deosebește de „dragoste". În încheiere, vom învăța cum să primim dragostea lui Dumnezeu și binecuvântările Sale.

Capitolul 7, „Facerea de bine", ne va explica ce înseamnă a face binele, luându-L drept exemplu pe Domnul, care nu s-a luat la ceartă, și nu a strigat, care nu a frânt o trestie ruptă și nu a stins fitilul care încă fumega. Vom vedea care este diferența dintre facerea de bine și celelalte roade pentru a putea aduce această roadă și a răspândi mireasma lui Cristos.

Capitolul 8, „Credincioșia", ne explică ce fel de binecuvântări primim atunci când suntem credincioși în toată casa lui Dumnezeu. Uitându-ne la Moise și Iosif, vom vedea ce fel de oameni au adus această roadă.

Capitolul 9, „Blândețea", ne explică ce înseamnă a fi blând în ochii lui Dumnezeu și descrie caracteristicile celor care aduc această roadă. Printr-un exemplu cu patru tipuri de pământ, vom învăța care sunt lucrurile pe care ar trebui să le facem pentru a produce roada blândeții. La final, vom afla care sunt binecuvântările de care are parte cel blând.

Capitolul 10, „Înfrânarea poftelor", ne va explica motivul pentru care această roadă este ultima dintre cele nouă roade ale Duhului Sfânt și importanța stăpânirii de sine. Înfrânarea poftelor este un lucru indispensabil și stăpânește peste toate celelalte opt roade ale Duhului Sfânt.

Capitolul 11, „Împotriva acestor lucruri nu este lege", conține concluzia acestei cărți și ne ajută să înțelegem cât de important este să umblăm prin Duhul Sfânt. Este dorința autorului ca toți cititorii să devină repede oameni ai duhului întreg cu ajutorul Duhului Sfânt.

Nu putem spune că avem credință mare prin simplul fapt că am fost credincioși de multă vreme sau avem cunoștințe vaste din Biblie. Măsura de credință este proporțională cu măsura în care ne-am schimbat inima într-o inimă plină de adevăr și măsura în care am cultivat inima Domnului.

Nădăjduiesc că toți cititorii vor reuși să își verifice credința și să producă din belșug cele nouă roade ale Duhului Sfânt prin călăuzirca Duhului Sfânt.

__Geumsun Vin,__
Directoarea biroului editorial

CUPRINS
Împotriva acestor lucruri nu este lege

Cuvânt Înainte · vii

Introducere · xi

Capitolul 1
Cum aducem roada Duhului Sfânt — 1

Capitolul 2
Dragostea — 13

Capitolul 3
Bucuria — 29

Capitolul 4
Pacea — 49

Capitolul 5
Răbdarea — 69

Capitolul 6
Bunătatea   87

Capitolul 7
Facerea de bine   103

Capitolul 8
Credincioșia   119

Capitolul 9
Blândețea   137

Capitolul 10
Înfrânarea poftelor   159

Capitolul 11
Împotriva acestor lucruri nu este lege   175

Galateni 5:16-21

„Zic dar: umblați cârmuiți de Duhul, și nu împliniți poftele firii pământești. Căci firea pământească poftește împotriva Duhului Sfânt, și Duhul împotriva firii pământești: sunt llucruri potrivnice unele altora, așa că nu puteți face tot ce voiți. Dacă sunteți călăuziți de Duhul, nu sunteți sub Lege. Și faptele firii pământești sunt cunoscute, și sunt acestea: preacurvia, curvia, necurăția, desfrânarea, închinarea la idoli, vrăjitoria, vrăjbile, certurile, zavistiile, mâniile, neînțelegerile, dezbinările, certurile de partide, pizmele, uciderile, bețiile, îmbuibările, și alte lucruri asemănătoare cu acestea. Vă spun mai dinainte, cum am mai spus, că cei ce fac astfel de lucruri, nu vor moșteni Împărăția lui Dumnezeu."

Împotriva acestor lucruri nu este lege

Capitolul 1

Cum aducem roada Duhului Sfânt

Duhul Sfânt aduce la viață duhul mort
Cum aducem roada Duhului Sfânt
Dorințele Duhului Sfânt și poftele firii pământești
Să nu obosim în facerea binelui

Cum aducem roada Duhului Sfânt

Când conduc pe o autostradă neaglomerată, şoferii se simt relativ relaxaţi. Însă, când conduc pentru prima dată pe acel drum, trebuie să fie mai atenţi şi mai precauţi. Dar, cum stau lucrurile în cazul în care maşina este dotată cu un sistem de navigaţie GPS? Acesta le furnizează informaţii detaliate despre traseu şi le oferă instrucţiuni precise astfel încât şoferii pot ajunge la destinaţie fără să se rătăcească.

Calea credinţei noastre care duce la Împărăţia Cerurilor este foarte similară. Cei care au credinţă în Dumnezeu şi trăiesc potrivit cu Cuvântul Lui sunt protejaţi de Duhul Sfânt şi călăuziţi astfel că pot evita multe din obstacolele şi greutăţile vieţii. Duhul Sfânt ne călăuzeşte pe calea cea mai scurtă şi mai uşoară care duce la destinaţia noastră: Împărăţia Cerurilor.

Duhul Sfânt aduce la viaţă duhul mort

După ce Dumnezeu l-a făcut şi a suflat în nările sale suflare de viaţă, Adam, primul om, a devenit un duh viu. „Suflarea de viaţă" este „puterea conţinută în lumina originară" şi ea a fost transmisă urmaşilor lui Adam în timp ce trăiau în Grădina Edenului.

Dar, după ce Adam şi Eva au căzut în neascultare şi au fost izgoniţi pe acest pământ, lucrurile nu au mai fost ca la început. Dumnezeu a luat din Adam şi din Eva cea mai mare parte din suflarea de viaţă şi i-a lăsat doar cu o rămăşiţă numită „sămânţa vieţii". Această sămânţă a vieţii nu poate fi transmisă de la Adam şi Eva copiilor lor.

Prin urmare, în luna a şasea de gestaţie, Dumnezeu pune sămânţa vieţii în duhul fătului şi o sădeşte în nucleul unei celule din inimă, organul principal al unei ființe umane. În cazul celor care nu L-au primit pe Isus Cristos, sămânța vieții rămâne inertă asemenea unei semințe aflată într-o teacă. Spunem că duhul este mort în timp ce sămânța vieții este inertă. Atâta vreme cât duhul rămâne mort, persoana respectivă nu poate primi viață veșnică și nu poate merge în Împărăția Cerurilor.

De la căderea lui Adam în păcat, toate ființele omenești au fost destinate morții. Pentru a putea primi viața veșnică, oamenii trebuie să fie iertați de păcatele lor, păcatul fiind cauza originară a morții, iar duhurile lor moarte trebuie aduse la viață. Din acest motiv, Dumnezeul dragostei a trimis pe acest pământ ca ispășire pe singurul Său Fiu, Isus Cristos, și a deschis astfel calea spre mântuire. Cu alte cuvinte, Isus a luat asupra Sa păcatele întregii omeniri și a murit pe cruce ca să redea viață duhului nostru mort. El a devenit calea, adevărul și viața pentru ca toți oamenii să poată obține viața veșnică.

De aceea, când Îl primim pe Isus Cristos ca Mântuitor personal, păcatele ne sunt iertate, iar noi devenim copii ai lui Dumnezeu și primim darul Duhului Sfânt. Prin puterea Duhului Sfânt, sămânța vieții, care până acum a fost inertă într-o teacă, se trezește la viață și devine activă. În acel moment, duhul mort este readus la viață. Ioan 3:6 descrie acest lucru când spune că „ce este născut din Duh, este duh". O sămânță care a încolțit poate crește doar atunci când primește apă și lumina soarelui. În mod similar, sămânța vieții are nevoie de apă și lumină spirituală pentru a putea crește odată ce a încolțit. Cu alte cuvinte, pentru ca duhul nostru să se poată dezvolta, trebuie să ne familiarizăm cu Cuvântul lui Dumnezeu, acest lucru reprezentând apa spirituală, și trebuie să trăim conform Cuvântului lui Dumnezeu, acest lucru reprezentând lumina spirituală.

Duhul Sfânt care a venit în inimile noastre ne învață despre păcat, neprihănire și judecată. El ne ajută să ne lepădăm de păcate și nelegiuire ca să putem trăi în neprihănire. Ne dă putere să gândim, să vorbim și să ne purtăm potrivit cu adevărul. De asemenea, El ne ajută să trăim o viață plină de credință cu nădejdea că vom intra în Împărăția Cerurilor pentru ca astfel duhul nostru să poată crește sănătos. Dați-mi voie să vă dau un exemplu ca să înțelegeți mai bine ce vreau să spun.

Să presupunem că un copil crește într-o familie fericită. Într-o zi, băiatul se urcă pe vârful unui munte și, privind la peisaj, exclamă: „Fantastic!" Imediat, cineva îi răspunde cu același cuvânt: „Fantastic!" Surprins, băiatul întreabă: „Cine-i acolo?" dar cealaltă voce îl îngână. Băiatul se supără pentru că cealaltă persoană îl imită și spune: „Vrei să te iei la harță cu mine?" Dar vocea îi răspunde cu aceleași cuvinte. Dintr-o dată, are impresia că cineva îl urmărește și se sperie.

Coboară repede de pe vârful muntelui și îi relatează mamei cele întâmplate: „Mamă, este un băiat foarte rău pe munte." Cu un zâmbet cald, mama îi răspunde: „Cred că acel băiat de pe munte este un băiat bun și poate să îți fie prieten. Du-te din nou pe munte mâine și spune-i că îți pare rău." Dimineața următoare, băiatul s-a suit din nou pe vârful muntelui și a strigat cu o voce puternică: „Îmi pare rău de cum m-am purtat ieri! N-ai vrea să fii prietenul meu?" Vocea i-a răspuns cu aceleași cuvinte.

Mama l-a ajutat pe băiat să își dea seama că era de unul singur. Tot astfel, Duhul Sfânt ne ajută pe calea credinței ca o mamă blândă.

Cum aducem roada Duhului Sfânt

Când o sămânță este semănată, ea încolțește, crește și înflorește iar, după ce dă în floare, apare rezultatul final care este rodul. În mod similar, sămânța vieții din noi, semănată de Dumnezeu, înflorește prin Duhul Sfânt, crește și produce roada Duhului Sfânt. Cu toate acestea, nu toți cei care primesc Duhul Sfânt produc roada Duhului Sfânt. Putem aduce roada Duhului Sfânt doar atunci când ne lăsăm călăuziți de Duhul Sfânt.

Duhul Sfânt poate fi asemănat cu un generator electric. Curentul poate fi produs doar atunci când generatorul este pornit. Dacă acest generator este conectat la un bec și dă curent, becul va răspândi lumină. Când este lumină, întunericul dispare. În același fel, când Duhul Sfânt lucrează în noi, întunericul din noi dispare deoarece lumina pătrunde în inima noastră. Atunci vom putea produce roada Duhului Sfânt.G90

Trebuie însă să menționez un lucru important aici. Simplul fapt că becul este conectat la generator nu va duce la niciun rezultat. Cineva trebuie să opereze generatorul. Dumnezeu ne-a dat generatorul numit Duhul Sfânt, dar noi suntem cei care trebuie să operăm acest generator.

Pentru ca noi să operăm generatorul, Duhul Sfânt, trebuie să fim vigilenți și să ne rugăm fierbinte. De asemenea, trebuie să ne lăsăm călăuziți de Duhul Sfânt ca să umblăm potrivit cu adevărul.

Când ascultăm de călăuzirea şi îndemnul Duhului Sfânt, acest lucru înseamnă că împlinim dorinţele Duhului Sfânt. Când împlinim dorinţele Duhului Sfânt cu sârguinţă vom fi plini de Duh Sfânt şi inimile noastre vor fi transformate potrivit cu adevărul. Vom produce roada Duhului Sfânt pe măsură ce vom dobândi plinătatea Duhului Sfânt.

Când lepădăm complet firea păcătoasă din inimă şi cultivăm o inimă a duhului, cu ajutorul Duhului Sfânt, vom începe să aducem roada Duhului Sfânt. Dar, după cum fiecare strugure din acelaşi ciorchine se coace la vreme diferită şi are mărime diferită, tot astfel, o roadă a Duhului Sfânt se poate maturiza pe deplin în timp ce altă roadă a Duhului Sfânt poate fi încă imatură. O persoană poate produce din belşug roada dragostei în timp ce roada înfrânării poftelor nu este tocmai matură. Sau, roada credincioşiei unuia poate ajunge la maturitate pe când roada blândeţii sale poate fi încă imatură.

Cu toate acestea, pe măsură ce trece timpul, fiecare strugure din ciorchine se va coace pe deplin şi întregul ciorchine va fi plin de struguri mari, de culoare mov. În mod similar, când producem toate roadele Duhului Sfânt, devenim oameni ai duhului întreg, pe care Dumnezeu îi doreşte foarte mult. Aceşti oameni vor răspândi mireasma lui Cristos în fiecare domeniul al vieţii lor. Vor auzi cu claritate vocea Duhului Sfânt şi vor umbla prin puterea Duhului Sfânt spre slava lui Dumnezeu. De vreme ce se aseamănă cu Dumnezeu pe deplin, vor fi consideraţi vrednici să intre în Noul Ierusalim, unde se află scaunul de domnie al lui Dumnezeu.

Dorințele Duhului Sfânt și poftele firii pământești

Când încercăm să împlinim dorințele Duhului Sfânt, un alt fel de dorință ni se va împotrivi. Aceasta este pofta firii. Poftele firii pământești vin din nedevăr și sunt potrivnice Cuvântului lui Dumnezeu. Ele îmbracă diferite forme cum ar fi pofta trupului, pofta ochilor și lăudăroșia vieții. Ele ne fac să păcătuim trăind în nedreptate și nelegiuire.

Recent, un bărbat a venit la mine și mi-a cerut să mă rog ca el să poată renunța la a se mai uita la imagini obscene. Mi-a spus că, la început, s-a uitat la aceste imagini nu de plăcere ci din cauză că a dorit să înțeleagă cum pot să îi afecteze pe oameni. Dar, după ce s-a uitat o dată, imaginile i se perindau în minte continuu și își dorea să se uite din nou. În inima lui însă, Duhul Sfânt îl îndemna să nu facă astfel și acest lucru l-a tulburat.

În acest caz, inima lui era stârnită din cauza poftei ochilor, adică a lucrurilor pe care le-a văzut cu ochii și le-a auzit cu urechile. Dacă nu ne lepădăm de această poftă a firii ci continuăm să îi dăm curs, curând vom accepta lucruri neadevărate din nou și din nou, și ocaziile se vor înmulți.

Din acest motiv, Galateni 5:16-18 spune: „Zic dar: umblați cârmuiți de Duhul, și nu împliniți poftele firii pământești. Căci firea pământească poftește împotriva Duhului, și Duhul împotriva firii pământești: sunt lucruri potrivnice unele altora, așa că nu puteți face tot voiți. Dacă sunteți călăuziți de Duhul, nu sunteți sub Lege."

Pe de-a parte, când umblăm călăuziți de Duhul Sfânt, avem pace în inimă și ne bucurăm din cauză că Duhul Sfânt se bucură. Pe de altă parte, dacă împlinim poftele firii pământești, inimile noastre se vor tulbura din cauză că Duhul Sfânt va geme în lăuntrul nostru. De asemenea, vom pierde plinătatea Duhului și astfel ne va fi din ce în ce mai greu să împlinim dorințele Duhului Sfânt.

Pavel a vorbit despre acest lucru în Romani 7:22-24 când a spus: „Fiindcă, după omul din lăuntru îmi place Legea lui Dumnezeu; dar văd în mădularele mele o altă lege, care se luptă împotriva legii primite de mintea mea, și mă ține rob legii păcatului, care este în mădularele mele. O, nenorocitul de mine! Cine mă va izbăvi de acest trup de moarte?" Umblarea după dorințele Duhului Sfânt sau ale firii pământești ne va face fie copii ai lui Dumnezeu, care sunt mântuiți, fie copii ai întunericului, care rătăcesc pe calea morții.

Galateni 6:8 spune: „Cine seamănă în firea lui pământească, va secera din firea pământească putrezirea; dar cine seamănă în Duhul, va secera din Duhul viața veșnică." Dacă dăm curs dorințelor firii pământești, nu vom face altceva decât faptele firii, care sunt păcate și nelegiuire care ne vor împiedica să intrăm în Împărăția Cerurilor (Galateni 5:19-21). Dar, dacă umblăm călăuziți de Duhul Sfânt, vom produce cele nouă roade ale Duhului Sfânt (Galateni 5:22-23).

Să nu obosim în facerea binelui

Aducem roada Duhului Sfânt și devenim copii adevărați ai lui Dumnezeu doar în măsura în care umblăm prin credință, călăuziți de Duhul Sfânt. Dar, în inima omului locuiește atât adevăr cât și neadevăr. Adevărul ne va ajuta să împlinim voia Duhului Sfânt și să trăim potrivit cu Cuvântul lui Dumnezeu, iar neadevărul ne va face să împlinim pofta firii pământești și să trăim în întuneric.

De exemplu, a sfinți ziua Domnului este una din cele zece porunci pe care copiii lui Dumnezeu trebuie să le împlinească. Un credincios mai slab în credință, care vinde în magazinul propriu, s-ar putea să fie nedumerit în inima lui și să creadă că, dacă închide magazinul duminica, asta l-ar face să câștige mai puțini bani. În cazul acesta, dorințele firii pământești s-ar putea să îl facă să se întrebe: „Cum ar fi dacă aș închide magazinul duminica tot la două săptămâni? Sau, cum ar fi dacă eu aș merge la serviciul de duminică dimineața iar soția mea la cel de seara pentru ca astfel să putem face cu schimbul la magazin?" Însă, în paralel, Duhul Sfânt îl va ajuta să împlinească Cuvântul lui Dumnezeu și să înțeleagă că, dacă sfințește ziua Domnului, Dumnezeu îl poate face să câștige mai mult decât dacă ține magazinul deschis și duminica.

Duhul Sfânt ne ajută în slăbiciunea noastră și mijlocește pentru noi cu suspine negrăite (Romani 8:26). Când umblăm în adevăr, călăuziți de Duhul Sfânt, vom avea pace în inimă și credința noastră va crește pe zi ce trece.

Cuvântul lui Dumnezeu, așternut pe paginile Bibliei, este adevărul care nu se schimbă niciodată; este bunătatea însăși. El dă viață veșnică copiilor lui Dumnezeu și îi călăuzește luminând calea ce duce la fericire și bucurie veșnică. Copiii lui Dumnezeu, care sunt călăuziți de Duhul Sfânt, trebuie să își răstignească firea pământească împreună cu poftele și dorințele ei. De asemenea, trebuie să facă voia Duhului Sfânt potrivit cu Cuvântul lui Dumnezeu și să nu obosească în facerea binelui.

Matei 12:35 spune: „Omul bun scoate lucruri bune din vistieria bună a inimii lui; dar omul rău scoate lucruri rele din vistieria rea a inimii lui." Deci, trebuie să ne lepădăm de tot răul din inimă rugându-ne fierbinte și continuând să facem fapte bune.

În Galateni 5:13-15 scrie: „Fraților, voi ați fost chemați la slobozenie. Numai, nu faceți din slobozenie o pricină ca să trăiți pentru firea pământească, ci slujiți-vă unii altora în dragoste. Căci toată Legea se cuprinde într-o singură poruncă: «Să iubești pe aproapele tău ca pe tine însuți.» Dar dacă vă mușcați și vă mâncați unii pe alții, luați seama să nu fiți nimiciți unii de alții," iar Galateni 6:1-2 continuă: „Fraților, chiar dacă un om ar cădea deodată în vreo greșeală, voi, care sunteți duhovnicești, să-l ridicați cu duhul blândeții. Și ia seama la tine însuți, ca să nu fii ispitit și tu. Purtați-vă sarcinile unii altora, și veți împlini astfel Legea lui Hristos."

Când urmăm astfel de îndemnuri din Cuvântul lui Dumnezeu, vom putea aduce roada Duhului din belșug, devenind oameni duhovnicești și oameni ai duhului întreg. Atunci vom primi tot ceea ce cerem în rugăciunile noastre și, ulterior, vom intra în Noul Ierusalim din Împărăția veșnică a Cerurilor.

1 Ioan 4:7-8

„Prea iubiților, să ne iubim unii pe alții, căci dragostea este de la Dumnezeu. Și oricine iubește, este născut din Dumnezeu, și cunoaște pe Dumnezeu. Cine nu iubește, n-a cunoscut pe Dumnezeu; pentru că Dumnezeu este dragoste."

Împotriva acestor lucruri nu este lege

Capitolul 2

Dragostea

Cel mai înalt nivel de dragoste spirituală
Dragostea firească se schimbă cu trecerea timpului
Cei care au dragoste spirituală sunt gata să își dea viața pentru alții
Dragostea adevărată pentru Dumnezeu
Cum putem aduce roada dragostei

Dragostea

Dragostea este mult mai puternică decât își închipuie oamenii. Prin puterea dragostei, îi putem salva pe cei care altfel sunt lăsați în plata Domnului și merg pe calea ce duce la moarte. Dragostea le poate da din nou tărie și curaj. Când acoperim greșelile altora prin puterea dragostei, vor avea loc schimbări extraordinare și Dumnezeu va da binecuvântări mari pentru că El lucrează prin bunătate, dragoste, adevăr și dreptate.

O echipă de cercetare din domeniul sociologiei a făcut un studiu cu 200 de studenți care trăiau în suburbiile sărace ale orașului Baltimore. Echipa de cercetare a ajuns la concluzia ca acei studenți aveau șanse mici de reușită și puțină speranță. Dar, după 25 de ani, au făcut o reevaluare a acelor persoane și rezultatele au fost uimitoare. Din totalul de 200, 176 deveniseră foarte împliniți pe scara socială ca avocați, doctori, pastori sau oameni de afaceri. Bineînțeles, cercetătorii i-au întrebat cum de au reușit să depășească mediul atât de nefavorabil în care au trăit și toți au menționat numele unui anumit educator. La rândul său, când a fost întrebat cum de a reușit să producă asemenea schimbări uimitoare, educatorul a răspuns: „I-am iubit și ei știau aceasta."

Ce este, însă, dragostea, primul rod din cele nouă roade ale Duhului Sfânt?

Cel mai înalt nivel de dragoste spirituală

În general, dragostea poate fi împărțită în dragoste firească și dragoste spirituală. Dragostea firească își caută propriile foloase.

Este o dragoste fără noimă care se schimbă cu trecerea timpului. Dragostea spirituală însă caută foloasele altora și nu se schimbă niciodată, indiferent de situație. În 1 Corinteni 13, este descrisă cu de-amănuntul această dragoste spirituală.

„Dragostea este îndelung răbdătoare, este plină de bunătate: dragostea nu pizmuiește; dragostea nu se laudă, nu se umflă de mândrie, nu se poartă necuviincios, nu caută folosul său, nu se mânie, nu se gândește la rău, nu se bucură de nelegiuire, ci se bucură de adevăr, acoperă totul, crede totul, nădăjduiește totul, suferă totul." (v.4-7)

Care este diferența dintre dragostea ca roadă a Duhului Sfânt din Galateni 5 și dragostea spirituală din 1 Corinteni 13? Dragostea ca roadă a Duhului Sfânt include dragostea jertfitoare prin care o persoană își dă chiar viața. Este o dragoste de nivel superior dragostei din 1 Corinteni 13. Această roadă a Duhului Sfânt reprezintă cel mai înalt nivel de dragoste spirituală.

Când aducem roada dragostei și ne putem sacrifica viețile pentru alții, atunci vom iubi orice și pe oricine. Dumnezeu ne-a iubit cu toată ființa și Domnul ne-a iubit cu însăși viața Sa. Dacă avem această dragoste în noi, ne putem sacrifica viața pentru Dumnezeu, pentru Împărăția și neprihănirea Lui. Mai mult, deoarece Îl iubim pe Dumnezeu, putem avea, de asemenea, dragostea de cel mai înalt nivel și ne vom putea da viața nu numai pentru alți frați ci chiar și pentru dușmanii noștri care ne urăsc.

În 1 Ioan 4:20-21 scrie: „Dacă cineva zice: «Eu iubesc pe Dumnezeu», şi urăşte pe fratele său, este un mincinos; căci cine nu iubeşte pe fratele său, pe care-l vede, cum poate să iubească pe Dumnezeu, pe care nu-l vede? Şi aceasta este porunca, pe care o avem de la El: cine iubeşte pe Dumnezeu, iubeşte şi pe fratele său." Deci, dacă Îl iubim pe Dumnezeu, vom iubi pe oricine. Dacă spunem că Îl iubim pe Dumnezeu dar urâm pe cineva, minţim.

Dragostea firească se schimbă cu trecerea timpului

La început, când l-a creat pe primul om, Adam, Dumnezeu l-a iubit cu o dragoste spirituală. El a creat o grădină minunată în estul Edenului, l-a aşezat acolo pe om ca să ducă o viaţă lipsită de neajunsuri şi a umblat cu el. Dumnezeu i-a dat nu numai Grădina Edenului, un loc de trai excelent, dar şi autoritate să supună şi să stăpânească peste întregul pământ.

Dumnezeu l-a iubit peste măsură de mult pe Adam cu o dragoste spirituală. Însă, Adam nu putea simţi cu adevărat dragostea lui Dumnezeu. Adam nu experimentase sentimente de ură sau dragoste firească schimbătoare, astfel încât nu îşi putea da seama cât de nepreţuită este dragostea lui Dumnezeu. După o vreme îndelungată, Adam a fost ispitit de şarpe şi a încălcat Cuvântul lui Dumnezeu, mâncând din rodul pomului pe care Dumnezeu i-l interzisese (Geneza 2:17; 3:1-6).

Prin urmare, păcatul a intrat în inima lui Adam şi acesta a devenit un om firesc care nu mai putea comunica cu Dumnezeu.

Dumnezeu nu l a mai putut lăsa să locuiască în Grădina Edenului și l-a izgonit pe pământ. În timpul procesului de cultivare umană (Geneza 3:23), toate ființele omenești, adică toți descendenții lui Adam, au ajuns să cunoască și să experimenteze relativitatea prin faptul că au avut parte de lucruri contrare dragostei pe care o cunoscuseră în Eden, lucruri cum ar fi ură, invidie, durere, suferință, boală și nedreptate. Între timp deveniseră străini de dragostea spirituală. Pe măsură ce inimile lor deveneau inimi firești din cauza păcatului, dragostea lor se transforma într o dragoste firească.

A trecut foarte multă vreme de la căderea lui Adam și, în prezent, este mult mai dificil să găsim dragoste spirituală în această lume. Oamenii își exprimă dragostea în diverse moduri, dar dragostea lor este una firească, care se schimbă cu trecerea timpului. Pe măsură ce timpul trece și situațiile se schimbă, se răzgândesc și îi trădează chiar și pe cei pe care-i iubesc, căutându-și propriile foloase. De asemenea, dau numai când primesc ceva mai întâi sau când acest lucru este în interesul lor. Dacă vă așteptați să primiți înapoi la fel de mult pe cât ați dat sau dacă sunteți dezamăgiți când alții nu vă dau înapoi cât vreți sau cât vă așteptați să primiți, aceasta este tot o dragoste firească.

Într-o relație romantică dintre un bărbat și o femeie, deseori ei își spun că se vor iubi unul pe altul o veșnicie sau că nu pot trăi unul fără celălalt. Cu toate acestea, în multe cazuri, se răzgândesc după căsătorie. Odată cu trecerea timpului, încep să vadă la soț sau la soție lucruri care le displac. În trecut, totul arăta frumos și fiecare încerca să placă celuilalt în toate lucrurile, dar acum nu mai pot face la fel. Se supără unul pe altul sau își pun bețe-n roate. Îi deranjează faptul că unul nu face ceea ce dorește celălalt. Doar cu câteva decenii în urmă, divorțul era foarte rar dar, în prezent, divorțul este la ordinea zilei, iar cei implicați par să se recăsătorească la scurt timp. Și, de fiecare dată, spun că iubesc pe celălalt cu adevărat. Acesta este tiparul dragostei firești.

Dragostea dintre părinți și copii nu este cu mult mai diferită. Desigur, unii părinți și-ar da însăși viața pentru copiii lor dar, chiar și într-o astfel de situație, dragostea lor nu ar fi una spirituală dacă ar face acest lucru numai pentru copiii lor. Dacă avem dragoste spirituală, am putea iubi cu o astfel de dragoste nu doar pe copiii noștri ci și pe oricine altcineva. Însă, pe măsură ce lumea devine din ce în ce mai plină de răutate, mai rar găsim părinți care să își sacrifice viața pentru copiii lor. Banii sau diferențele de opinie creează dușmănie între mulți părinți și copii.

Cum stau lucrurile însă în relațiile dintre frați sau prieteni? Din pricina banilor, mulți frați ajung să se dușmănească. Același lucru se întâmplă tot mai des și între prieteni. Se iubesc unul pe altul când lucrurile merg bine și când sunt de acord unul cu altul. Dar, dragostea lor se poate schimba într-o clipită când lucrurile iau o întorsătură nedorită. De asemenea, în cele mai multe cazuri, oamenii vor să primească înapoi la fel de mult pe cât au dat. Când sunt entuziasmați, s-ar putea să dea fără să aștepte nimic în schimb. Dar, când entuziasmul dispare, regretă faptul că au dat dar nu au primit nimic în schimb. Aceasta înseamnă că, la urma urmei, au așteptat ceva în schimb. Acest fel de dragoste este o dragoste firească.

Cei care au dragoste spirituală sunt gata să își dea viața pentru alții

Când cineva își dă viața pentru o persoană pe care o iubește, acest lucru ne atinge inima. Dar, când știm că urmează să ne dăm viața pentru altcineva, aceasta va face să ne fie greu să iubim acea persoană. Astfel, dragostea omenească este limitată.

A fost odată un împărat care a avut un fiu preaiubit. În împărăția sa, era un ucigaș notoriu, condamnat la moarte. Singura modalitate prin care condamnatul ar fi putut scăpa cu viață era ca altul, nevinovat, să moară în locul lui. Este cu putință ca acest împărat să își dea fiul nevinovat să moară în locul ucigașului? Un așa lucru nu s-a pomenit în întreaga istorie a omenirii. Dar Dumnezeu Creatorul, care nu poate fi comparat cu niciun alt împărat de pe acest pământ, Și-a dat singurul Fiu preaiubit pentru noi. El ne iubește atât de mult (Romani 5:8)!

Din pricina păcatului lui Adam, toată omenirea a trebuit să umble pe calea morții și să plătească prețul păcatului. Pentru a scăpa omenirea de la moarte și a o călăuzi spre Cer, problema păcatului a trebuit rezolvată. Singura soluție la problema păcatului dintre Dumnezeu și om a fost ca Dumnezeu să Își trimită singurul Fiu, pe Isus, să plătească prețul pentru păcatul omenirii.

Galateni 3:13 spune: „Blestemat e oricine este atârnat pe lemn." Isus a fost atârnat pe o cruce de lemn ca să ne scoată de sub blestemul legii care spune că „plata păcatului este moartea" (Romani 6:23). De asemenea, pentru că nu există iertare fără vărsare de sânge (Evrei 9:23), El Și-a vărsat tot sângele și toată apa. Isus a primit pedeapsa în locul nostru și oricine crede în El poate fi iertat de păcatele sale și poate primi viața veșnică.

Dumnezeu a știut că păcătoșii Îl vor persecuta și batjocori și, în final, Îl vor răstigni pe Isus, care este fiul lui Dumnezeu. Cu toate acestea, pentru a putea mântui omenirea destinată morții veșnice, Dumnezeu L-a trimis pe Isus pe acest pământ.

În 1 Ioan 4:9-10 citim: „Dragostea lui Dumnezeu față de noi s-a arătat prin faptul că Dumnezeu a trimis în lume pe singurul Său Fiu, ca noi să trăim prin El. Și dragostea stă nu în faptul că noi am iubit pe Dumnezeu, ci în faptul că El ne-a iubit pe noi, și a trimis pe Fiul Său ca jertfă de ispășire pentru păcatele noastre."

Dumnezeu Și-a demonstrat dragostea pe care o are față de noi prin faptul că L-a dat pe singurul Său Fiu, Isus, să fie răstignit pe cruce. Isus Și-a arătat dragostea prin faptul că S-a lăsat răstignit pe cruce ca să răscumpere omenirea din păcatele sale. Această dragoste a lui Dumnezeu, demonstrată prin faptul că Și-a dat singurul Fiu, este dragostea veșnică neschimbătoare care face pe cel ce o are să se poată sacrifica chiar și până la ultima picătură de sânge.

Dragostea adevărată față de Dumnezeu

Putem noi ajunge să avem acest nivel de dragoste? În 1 Ioan 4:7-8 ni se spune: „Prea iubiților, să ne iubim unii pe alții; căci dragostea este de la Dumnezeu. Și oricine iubește, este născut din Dumnezeu, și cunoaște pe Dumnezeu. Cine nu iubește, n-a cunoscut pe Dumnezeu; pentru că Dumnezeu este dragoste."

Când cunoaștem nu numai la nivelul minții, dar și adânc în inimă, această dragoste pe care ne a arătat-o Dumnezeu, în mod firesc, vom ajunge să Îl iubim pe Dumnezeu cu adevărat. În umblarea noastră creștină, s-ar putea să trecem prin încercări greu de îndurat sau s-ar putea să ne găsim într-o situație care să ducă la pierderea tuturor posesiunilor materiale și a lucrurilor la care ținem mult. Chiar și în acele situații, inimile noastre nu se vor descuraja atâta vreme cât dragostea adevărată locuiește în noi.

Mai demult, aproape că mi-am pierdut toate cele trei fiice. Cu peste 30 de ani în urmă, în Coreea, mulți oameni foloseau cărbuni pentru încălzire. Monoxidul de carbon emis de cărbuni deseori producea accidente. La vremea la care am deschis biserica, locuiam la demisolul clădirii bisericii. Cele trei fiice ale mele, împreună cu un alt tânăr, au fost intoxicate cu monoxid de carbon. Inhalaseră gaz pe tot parcursul nopții și nu se vedea nicio speranță să-și revină.

Când mi-am văzut fiicele fără cunoștință, nu m-am întristat și nu m-am plâns. Am fost recunoscător la gândul că vor trăi în pace în Cerul minunat în care nu sunt lacrimi, întristare sau durere. Dar, din cauză că tânărul era doar un membru din biserică, L-am rugat pe Dumnezeu să îl izbăvească pentru ca numele Lui să nu fie ponegrit. Mi-am pus mâinile peste tânărul respectiv și m-am rugat pentru el. Apoi, m-am rugat pentru fiica mea cea mai mică. În timp ce mă rugam pentru ea, tânărul și-a revenit. În timp ce mă rugam pentru fiica mijlocie, mezina și-a revenit. Curând, atât fiica mijlocie cât și cea mai mare și-au revenit. Nu au suferit niciun efect secundar și, până în zi de azi, sunt sănătoase. Toate trei slujesc ca pastori în biserică.

Când Îl iubim pe Dumnezeu, dragostea noastră nu se va schimba niciodată, indiferent de situația în care ne-am afla. Deja am primit dragostea Lui, prin care Și-a jertfit singurul Fiu, de aceea, nu avem niciun motiv pentru care să nu dorim dragostea Lui sau să ne îndoim de ea. Nu putem decât să Îl iubim cu aceeași dragoste neschimbătoare. Nu putem decât să fim pe deplin încredințați de dragostea Lui și să Îl slujim cu credincioșie în fiecare domeniul al vieții.

Această atitudine nu se va schimba când vom sluji altor suflete. În 1 Ioan 3:16 este scris: „Noi am cunoscut dragostea Lui prin aceea că El Și-a dat viața pentru noi; și noi deci trebuie să ne dăm viața pentru frați." Când cultivăm dragostea adevărată față de Dumnezeu, ne vom iubi frații cu o dragoste adevărată. Acest lucru înseamnă că nu ne vom căuta propriul folos și astfel vom putea da ce avem mai bun, fără să așteptăm ceva în schimb. Ne vom sacrifica dintr-o inimă curată și vom da celorlalți tot ce avem.

Până în prezent, am trecut prin numeroase încercări în umblarea mea pe calea credinței. Am fost trădat de oamenii cărora le-am dat multe lucruri sau de cei pe care i-am tratat ca pe propria mea familie. Uneori, oamenii m-au înțeles greșit și m-au învinuit.

Cu toate acestea, am fost bun cu ei. Am pus totul în mâinile lui Dumnezeu și m-am rugat ca, în dragostea și compasiunea Sa, să îi ierte pe acești oameni. Nu am urât nici chiar pe cei care au creat probleme mari în biserică înainte să plece. Tot ce mi-am dorit a fost ca acești oameni să se căiască și să revină în biserică. Răutatea acestora a adus multe încercări asupra mea. Dar eu am fost bun cu ei deoarece am crezut că Dumnezeu mă iubea și i-am iubit cu dragostea lui Dumnezeu.

Cum putem aduce roada dragostei?

Măsura în care aducem roada dragostei este direct proporțională cu măsura în care ne sfințim inimile, lepădându-ne de păcatul, răul și nelegiuirea din inimă. Dragostea adevărată vine dintr-o inimă lipsită de răutate. Când avem dragoste adevărată, trăim în pace unii cu alții și nu pricinuim niciun rău altora, nici nu îi împovărăm. De asemenea, înțelegem inimile celorlalți și îi slujim. Vom putea să le aducem bucurie și să facem să le meargă bine sufletului lor astfel încât Împărăția lui Dumnezeu să se lărgească.

În Biblie, vedem ce fel de dragoste au cultivat părinții în credință. Moise și-a iubit poporul, Israel, atât de mult încât a dorit să îl salveze chiar dacă acest lucru ar fi însemnat ca numele lui să fie șters din cartea vieții (Exodul 32:32).

Apostolul Pavel L-a iubit pe Domnul cu un cuget statornic încă de când s-a întâlnit cu El. A devenit un apostol al Neamurilor; a adus la mântuire multe suflete și a înființat biserici pe tot locul în timpul celor trei călătorii misionare. Cu toate că umblarea sa a fost extenuantă și plină de primejdii, Pavel L-a propovăduit pe Isus Cristos până când a fost martirizat în Roma.

Evreii l-au amenințat cu moartea, l-au persecutat și i-au creat probleme în mod continuu. A fost bătut și aruncat în închisoare. După ce a naufragiat, a fost purtat de valuri o noapte și o zi întreagă. Cu toate acestea, nu a regretat niciodată calea pe care apucase. În timpul multor încercări prin care a trecut, în loc să-și poarte sieși de grijă, a căutat binele bisericii și al credincioșilor.

În 2 Corinteni 11:28-29, Pavel și-a exprimat sentimentele când a spus: „Și, pe lângă lucrurile de afară, în fiecare zi mă apasă grija pentru toate Bisericile. Cine este slab, și eu să nu fiu și eu slab? Cine cade în păcat, și eu să nu ard?"

Apostolul Pavel nu și-a cruțat nici chiar viața din cauza dragostei fierbinți pe care o avea pentru sufletele oamenilor. Marea sa dragoste este descrisă în Romani 9:3: „Căci aproape să doresc să fiu eu însumi anatema, despărțit de Hristos, pentru frații mei, rudele mele trupești." Aici, „rudele mele" nu se referă la familie sau la rude de sânge ci la toți evreii, inclusiv cei care îl persecutau.

Ar fi preferat să meargă în iad în locul lor dacă acest lucru i-ar fi mântuit pe acei oameni. Ce dragoste mare avea! De asemenea, după cum scrie în Ioan 15:13 că „nu este mai mare dragoste decât să-și dea cineva viața pentru prietenii săi", apostolul Pavel a dat dovadă de acest nivel suprem de dragoste când a fost martirizat.

Unii oameni spun că Îl iubesc pe Domnul dar nu își iubesc frații în credință. Acești frați nici măcar nu le sunt dușmani și nici nu le cer să își dea viața pentru ei. Cu toate acestea, se ceartă și au resentimente unii față de alții din motive de nimic. Chiar dacă fac lucrarea Domnului, când părerile altora sunt diferite de ale lor, se supără. Unii oameni nici nu își dau seama că duhurile altora se ofilesc și mor. Astfel dar, putem spune că acești oameni Îl iubesc pe Dumnezeu?

La un moment dat, am spus în fața întregii biserici: „Dacă aș putea mântui o mie de oameni, aș fi dispus să merg în iad în locul lor." Bineînțeles, știam prea bine ce fel de loc era iadul. Nu voi face niciodată vreun lucru care să mă califice pentru iad. Dar, dacă as putea mântui pe acei oameni care se îndreaptă spre iad, aș fi dispus să merg acolo în locul lor.

Acei o mie de oameni ar putea include unii din membrii bisericii noastre. Aceștia ar putea fi lideri din biserică sau membri care nu aleg calea adevărului ci calea morții după ce aud cuvintele pline de adevăr și văd lucrările mărețe ale lui Dumnezeu. De asemenea, printre ei s-ar putea număra și acei oameni care ne persecută biserica cu invidia și înțelegerea lor greșită. Sau, s-ar putea să fie niște oameni săraci din Africa care mor de foame din cauza războaielor civile, a foametei sau a sărăciei.

După cum Isus și-a dat viața pentru mine, și eu pot să îmi dau viața pentru ei. Aș face asta nu dintr-un simț al datoriei, din cauză că mi se spune în Cuvântul lui Dumnezeu că trebuie să iubesc. Mi-aș pune la dispoziție zi de zi întreaga viață și energie ca să îi mântuiesc din cauză că îi iubesc mai mult decât îmi iubesc propria viaţă şi asta nu doar cu vorba. Mi-aş da viaţa deoarece ştiu că aceasta este dorinţa cea mai profundă a lui Dumnezeu Tatăl, care m-a iubit.

Inima mea este plină de gânduri de genul: „Cum aş putea să predic Evanghelia în şi mai multe locuri?" „Cum aş putea să fac şi mai mari minuni ale lui Dumnezeu pentru ca oamenii să creadă?" „Cum aş putea să îi ajut să-şi dea seama de deşertăciunea acestei lumi şi să aleagă Împărăţia Cerurilor?"

Haideţi să privim retrospectiv la cât de plini suntem de dragostea lui Dumnezeu datorită căreia L-a dat pe singurul Său Fiu. Dacă suntem plini de dragostea Sa, Îl vom iubi pe Dumnezeu şi pe oameni din toată inima. Aceasta este dragostea adevărată. Iar, dacă cultivăm această dragoste pe deplin, vom putea intra în Noul Ierusalim, care este cristaloidul dragostei. Sper că toţi veţi experimenta acolo dragostea veşnică a Tatălui şi a Domnului.

Împotriva acestor lucruri nu este lege

Filipeni 4:4

„Bucurați-vă totdeauna în Domnul! Iarăși zic: Bucurați-vă!"

Capitolul 3

Bucuria

Roada bucuriei
Motivul pentru care dispare bucuria dragostei dintâi
Când se naşte bucuria spirituală
Dorinţa de a aduce roada bucuriei
Întristarea ulterioară aducerii roadei bucuriei
Menţineţi o atitudine pozitivă şi căutaţi bunătatea în toate lucrurile

Bucuria

Râsul calmează stresul, mânia și nervozitatea, prin urmare contribuie la prevenirea atacului de cord și a morții subite. De asemenea, întărește imunitatea organismului și are efecte pozitive prin faptul că previne infecții cum ar fi viroza și chiar unele boli cauzate de stilul de viață, cum ar fi cancerul. Râsul are cu siguranță efecte benefice asupra sănătății, iar Dumnezeu ne spune să ne bucurăm întotdeauna. Unii poate vor spune: „Cum pot să mă bucur când nu am niciun motiv de bucurie?" Însă, oamenii credinței se pot bucura mereu în Domnul pentru că ei cred că Domnul îi va ajuta când trec prin necazuri și îi va călăuzi spre Împărăția Cerurilor unde bucuria este eternă.

Roada bucuriei

Bucuria este o „exaltare sufletească intensă sau o fericire jubilantă." Însă, bucuria spirituală, nu înseamnă doar o fericire exuberantă. Chiar și necredincioșii se pot bucura când lucrurile le merg bine, dar bucuria aceasta este de scurtă durată și dispare când se ivesc probleme. Cu toate acestea, dacă aducem roada bucuriei în inimile noastre vom putea să ne bucurăm în orice situație.

În 1 Tesaloniceni 5:16-18 ni se spune: „Bucurați-vă întotdeauna. Rugați-vă neîncetat. Mulțumiți lui Dumnezeu pentru toate lucrurile; căci aceasta este voia lui Dumnezeu, în Hristos Isus, cu privire la voi." Bucuria spirituală înseamnă să ne bucurăm întotdeauna și să fim mulțumitori în orice situație. Bucuria este una dintre cele mai evidente și mai clare modalități prin care putem măsura și examina calitatea vieții de creștin pe care o trăim.

Unii credincioși umblă pe calea Domnului cu bucurie și fericire tot timpul, în timp ce alții nu au dragoste adevărată și mulțumire care să izvorască din inimile lor, deși se străduiesc din greu în viața lor de credință. Participă la servicii de închinare, se roagă și își duc la îndeplinire îndatoririle bisericești, dar fac toate aceste lucruri ca pe-o obligație, fără pasiune. Dacă se lovesc de vreo problemă, pierd și puțina pace pe care o aveau în inimă și se neliniștesc.

Când vă loviți de probleme pe care nu le puteți rezolva prin propria voastră putere, puteți vedea dacă aveți bucurie cu adevărat în adâncul inimii. În astfel de situații, de ce nu vă uitați într o oglindă? Aceste împrejurări pot sluji pentru a determina în ce măsură ați adus roada bucuriei. De fapt, harul lui Isus Cristos care ne-a mântuit prin sângele Lui este mai mult decât suficient pentru a ne putea bucura întotdeauna. Ar fi trebuit să ajungem în focul iadului pe vecie dar, prin sângele lui Isus Cristos, am fost îndreptățiți să mergem în Împărăția Cerurilor unde ne putem bucura și putem avea pace pentru totdeauna. Doar acest lucru în sine ne poate aduce o bucurie fără margini.

Cât de mult s-au bucurat fiii lui Israel când au traversat Marea Roșie, după exod, ca pe uscat și au scăpat de armata egipteană care îi urmărea? Femeile, pline de bucurie, au dansat cu timpane și toți oamenii I-au adus slavă lui Dumnezeu (Exodul 15:19-20).

Tot astfel, când cineva Îl acceptă pe Domnul, se bucură nespus pentru mântuirea primită și laudă pe Dumnezeu în pofida oboselii după o zi de muncă. În mijlocul persecuției pentru Domnul sau a dificultăților cu care se confruntă pe nedrept, se bucură gândindu-se la Împărăția Cerurilor. Dacă va continua să rămână în această bucurie, în curând va aduce pe deplin roada bucuriei.

Motivul pentru care dispare bucuria dragostei dintâi

În realitate, nu mulți oameni pot păstra bucuria dragostei dintâi. La ceva vreme după ce Îl primesc pe Domnul, bucuria dispare și nu mai simt același lucru când se gândesc la harul mântuirii. În trecut, se bucurau chiar și în greutăți când se gândeau la Domnul, dar ulterior au început să ofteze și să își exprime nemulțumirea, cum au făcut și copiii lui Israel care, la scurt timp, au uitat bucuria avută după ce trecuseră Marea Roșie, au cârtit împotriva lui Dumnezeu și s-au ridicat împotriva lui Moise pentru probleme mărunte.

De ce se schimbă oamenii astfel? Pentru că au încă o inimă firească. În acest context, cuvântul „firească" are o însemnătate spirituală. Se referă la natura sau caracteristicile care sunt în opoziție cu duhul. „Duhul", care aparține lui Dumnezeu, Creatorul, este frumos și nu se schimbă niciodată, iar „firescul" se referă la lucrurile rupte de Dumnezeu. Acestea sunt lucruri pieritoare, corupte, care vor dispare. Prin urmare, toate păcatele cum ar fi nelegiuirea, întinarea și neadevărurile sunt firești. Cei care au astfel de trăsături firești își pierd bucuria care le umpluse odată inimile. Au o natură schimbătoare, prin urmare, dușmanul diavolul și Satana încearcă să creeze situații nefavorabile prin faptul că agită natura schimbătoare.

Apostolul Pavel a fost bătut și închis în timp ce predica Evanghelia. Însă, în timp ce se ruga și-L lăuda pe Dumnezeu fără să se îngrijoreze de nimic, a avut loc un cutremur iar ușile închisorii s-au deschis. Mai mult, prin această întâmplare, Pavel a evanghelizat mai mulți necredincioși. Nu și-a pierdut bucuria în nicio dificultate și a îndemnat credincioșii, spunând: „Bucurați-vă totdeauna în Domnul! Iarăși zic: Bucurați-vă! Blândețea voastră să fie cunoscută de toți oamenii. Domnul este aproape. Nu vă îngrijorați de nimic; ci, în orice lucru, aduceți cererile voastre la cunoștința lui Dumnezeu, prin rugăciuni și cereri, cu mulțumiri" (Filipeni 4:4-6).

Dacă vă găsiți într-o situație dificilă, ca și cum ați fi pe marginea prăpastiei, de ce nu oferiți o rugăciune de mulțumire cum a făcut apostolul Pavel? Acest lucru este plăcut lui Dumnezeu și El va face ca toate lucrurile să lucreze spre binele vostru.

Când se naște bucuria spirituală

Încă de tânăr, David a dus lupte pe câmpuri de bătaie ca să-și apere țara. A contribuit în diferite războaie prin abilitățile sale meritorii. Când împăratul Saul era tulburat de duhuri rele, David cânta la harpă ca să-l liniștească. Nu a încălcat niciun ordin primit de la împăratul său. Cu toate acestea, împăratul Saul nu a fost satisfăcut de slujirea lui David, dimpotrivă, a început să-l urască pentru că era invidios pe el. David era iubit de oameni, prin urmare, lui Saul îi era teamă că îşi va pierde tronul; astfel l-a urmărit pe David cu armata sa ca să-l omoare.

În astfel de circumstanţe, David a trebuit să fugă de Saul. Odată, pe când era în altă ţară, a trebuit să se prefacă că e nebun şi să-şi lase să-i curgă saliva pe barbă pentru a scăpa cu viaţă. Ce aţi fi simţit dacă aţi fi fost în locul lui? David nu s-a supărat niciodată, ci doar s-a bucurat. El şi-a mărturisit credinţa în Dumnezeu printr-un psalm foarte frumos.

„Domnul este păstorul meu: nu voi duce lipsă de nimic.
El mă paşte în păşuni verzi
şi mă duce la ape de odihnă;
îmi înviorează sufletul
şi mă povăţuieşte pe cărări drepte,
din pricina Numelui Său.
Chiar dacă ar fi să umblu
prin valea umbrei morţii,
nu mă tem de niciun rău, căci Tu eşti cu mine.
Toiagul şi nuiaua Ta mă mângâie.
Tu îmi întinzi masa
în faţa potrivnicilor mei;
îmi ungi capul cu untdelemn,
şi paharul meu este plin de dă peste el.
Da, fericirea şi îndurarea mă vor însoţi
în toate zilele vieţii mele,

și voi locui în Casa Domnului până la sfârșitul zilelor mele."
(Psalmul 23:1-6).

Realitatea cu care se confrunta era ca un drum spinos, dar David avea un lucru măreț în el. Purta o dragostea arzătoare și o încredere neclintită în Dumnezeu. Nimic nu putea lua bucuria care izvora din adâncul inimii lui. David era cu siguranță o persoană care avea roada bucuriei.

Au trecut patruzeci de ani de când L-am primit pe Domnul, dar niciodată nu mi-am pierdut bucuria dragostei dintâi. Trăiesc în fiecare zi cu recunoștință. Am suferit din cauza multor boli timp de șapte ani, dar Dumnezeu m-a vindecat de toate într-o clipă. Am devenit creștin imediat și am început să lucrez în construcții. Am avut ocazia să iau o slujbă mai bună, dar am ales munca mai grea pentru că era singura modalitate ca eu să pot ține ziua Domnului.

În fiecare dimineață obișnuiam să mă scol la ora patru și să particip la întâlnirile de rugăciune care începeau la răsăritul soarelui. Apoi, mergeam la serviciu cu prânzul la pachet. Dura o oră și jumătate cu autobuzul să ajung acolo. Trebuia să lucrez de dimineața până seara, fără să mă pot odihni suficient. Era într-adevăr muncă foarte grea. Eu nu făcusem muncă fizică înainte și, pe lângă asta, fusesem bolnav așa de mulți ani încât nu mi-a fost deloc ușor.

Ajungeam acasă seara, în jur de ora zece, după serviciu. Mă spălam repede, mâncam cina, citeam din Biblie și mă rugam înainte să mă culc, pe la miezul nopții. Soția mea făcea vânzări de la ușă la ușă ca să aibă un venit cât de cât, dar ne era greu să plătim chiar și numai dobânda pe creditul acumulat în perioada în care am fost bolnav. Efectiv, abia ne descurcam de pe o zi pe alta. Deși eram într-o situație dificilă din punct de vedere financiar, inima mea era plină întotdeauna de bucurie și predicam Evanghelia de câte ori aveam posibilitatea.

Spuneam - „Dumnezeu e viu! Uită-te la mine! Îmi așteptam sfârșitul, dar am fost vindecat complet prin puterea lui Dumnezeu și am ajuns atât de sănătos!"

Deși situația era dificilă și financiar ne descurcam greu, eram mereu mulțumitor pentru dragostea lui Dumnezeu care m-a salvat de la moarte. Inima mea era plină de nădejea de a ajunge în Cer. După ce am primit de la Dumnezeu chemarea de a deveni pastor, am îndurat multe greutăți și lucruri nedrepte, greu de dus pentru un om, dar bucuria și recunoștința mea nu s-au răcit.

Cum a fost posibil acest lucru? A fost posibil din cauză că o inimă plină de mulțumire dă naștere la mai multă mulțumire. Eu caut întotdeauna motive pentru care să fiu mulțumitor și aduc lui Dumnezeu rugăciuni pline de recunoștință. Pe lângă ofrandele de recunoștință pe care I le am oferit lui Dumnezeu la fiecare serviciu de închinare, I-am adus mereu mulțumiri și pentru alte lucruri. Am fost recunoscător pentru membrii din biserică care cresc în credință sau pentru că mi-a dat posibilitatea să Îi aduc slavă prin campanii mari de evaghelizare de peste hotare, pentru creșterea bisericii, etc. Îmi place să caut motive de mulțumire.

Dumnezeu mi-a dat neîncetat binecuvântări și har așa încât pot doar să Îi fiu recunoscător. Dacă I-aș fi dat mulțumiri doar când lucrurile mergeau bine și m-aș fi plâns în loc să îi mulțumesc când dădeam de greutăți, nu aș fi putut să am fericirea de care mă bucur acum.

Dorința de a aduce roada bucuriei

În primul rând, trebuie să ne lepădăm de lucrurile firești.

Dacă nu avem invidie sau gelozie, ne vom bucura când alții sunt binecuvântați sau primesc laude ca și cum am fi noi în locul lor. Dar, cu cât avem mai multă invidie sau gelozie, cu atât ne va fi mai greu când vedem că altora le merge foarte bine. S-ar putea să avem sentimente neplăcute față de ei, să ne pierdem bucuria sau să fim descurajați pentru că ne simțim inferiori când alții sunt promovați.

De asemenea, dacă nu avem mânie și resentimente, vom avea doar pace chiar dacă suntem tratați urât sau avem de suferit. Însă, dacă mai avem lucruri firești în noi, vom fi plini de resentimente sau dezamăgire. Firea este cauza pentru care avem inimile împovărate. Dacă ne căutăm doar folosul propriu, va fi dureros când ni se va părea că suferim mai mult decât alții.

Datorită faptului că avem caracteristici firești, dușmanul diavolul și Satan le vor stârni pentru a crea situații în care nu ne putem bucura. Cu cât firea se manifestă mai mult, cu atât credința spirituală este mai mică, deci vom fi mai îngrijorați și necăjiți și ne va fi greu să ne bazăm pe Dumnezeu. Însă, cei care își pun încrederea în Dumnezeu se pot bucura chiar dacă nu au nimic de mâncare în acel moment. Dumnezeu ne-a promis că se va îngriji de noi dacă vom căuta mai întâi Împărăţia şi neprihănirea Lui (Matei 6:31-33).

Cei care au credinţă adevărată vor încredinţa orice lucru în mâna lui Dumnezeu, prin rugăciuni de mulţumire, în orice fel de greutăţi pe care le întâmpină. Vor căuta mai întâi Împărăţia lui Dumnezeu şi neprihănirea Lui cu o inimă plină de pace şi mai apoi vor cere lucrurile de care au nevoie. Însă, cei care nu se încred în Dumnezeu, ci în puterile şi planurile lor, ajung să fie neliniştiţi. Cei din domeniul afacerilor pot ajunge să prospere şi să fie binecuvântaţi doar dacă aud clar vocea Duhului Sfânt şi o urmează. Însă, atâta timp cât se luptă cu lăcomie, nerăbdare şi gânduri pline de neadevăr nu pot auzi vocea Duhului Sfânt şi vor întâmpina dificultăţi. În concluzie, motivul fundamental pentru care ne pierdem bucuria este existenţa caracteristicilor fireşti din inimile noastre. Pe măsură ce ne lepădăm de acestea, vom avea mai multă bucurie spirituală şi mulţumire şi ne va merge bine.

În al doilea rând, trebuie să împlinim dorinţele Duhului Sfânt în toate lucrurile.

Bucuria pe care o căutăm nu este una lumească ci vine de sus, şi anume, este bucuria Duhului Sfânt. Putem fi bucuroşi şi fericiţi doar când Duhul Sfânt, care locuieşte în noi, se bucură. Înainte de toate, adevărata bucurie vine când ne închinăm lui Dumnezeu din toată inima, ne rugăm, Îl lăudăm şi Îi păzim Cuvântul.

De asemenea, cât de fericiţi putem fi dacă ne vedem

neajunsurile prin ochii Duhului Sfânt și le corectăm! Ne va fi mai ușor să fim plini de fericire și mulțumire când vom vedea transformarea care are loc în noi și devenim o altă persoană, diferită de cea dinainte. Bucuria primită de la Dumnezeu nu poate fi comparată cu bucuria lumii și nimeni nu ne-o poate fura.

În funcție de alegerile pe care le facem în viața de zi cu zi, putem împlini dorințele Duhului Sfânt sau cele ale firii. Dacă ascultăm de dorințele Duhului Sfânt în fiecare moment, El se va bucura înăuntrul nostru și ne va umple de bucurie. În 3 Ioan 1:4 găsim scris: „Eu n-am bucurie mai mare decât să aud despre copiii mei că umblă în adevăr." Prin urmare, când trăim conform adevărului, Dumnezeu se bucură și ne dă și nouă bucurie prin plinătatea Duhului Sfânt.

De exemplu, dacă dorința de a ne căuta folosul propriu intră în conflict cu dorința de a căuta binele altora și dacă acest conflict durează o vreme, ne vom pierde bucuria. Apoi, dacă ajungem să ne căutăm folosul propriu și ni se pare că putem lua ce ne dorim, aceasta nu ne va da bucurie spirituală. Dimpotrivă, vom avea mustrări de conștiință sau mâhnire în inimă. Pe de altă parte, când vom căuta folosul altora, chiar dacă pe moment ni se pare că avem de suferit, totuși, vom primi bucurie de sus pentru că Duhul Sfânt se bucură. Doar cei care au simțit o astfel de bucurie pot înțelege cât este de bună. Este o fericire pe care lumea nu o poate da și nu o poate înțelege.

Există o istorioară a doi frați. Cel mai mare nu își spăla farfuria după ce mânca, astfel că fratele mai mic trebuia să curețe masa după ce mâncau şi nu o făcea cu plăcere. Într-o zi, după ce fratele mai mare a terminat de mâncat şi era să plece, cel mai mic a spus: „Trebuie să îţi speli tu singur vasele". „Tu poţi să le speli", a spus fratele mai mare fără ezitare înainte să se ducă la el în cameră. Celui mai mic nu i-a plăcut situaţia dar fratele mai mare deja plecase.

Fratele mai mic ştia că fratele lui mai mare nu are obiceiul să îşi spele farfuria. Astfel, cel mai mic poate să îl slujească pe cel mai mare cu bucurie prin faptul că spală vasele. V-aţi putea gândi că fratele mai mic va trebui să spele vasele întotdeauna, iar cel mai mare nu ar încerca să facă nimic să remedieze situaţia. Însă, dacă ne purtăm cu bunătate, Dumnezeu este cel care va face schimbarea. El va schimba inima fratelui mai mare care va începe să gândească astfel: „Îmi pare rău că l-am lăsat pe fratele meu mai mic să spele vasele întotdeauna. De acum încolo, voi spăla atât vasele mele, cât şi ale lui."

După cum vedem în acest exemplu, dacă împlinim dorinţele fireşti doar pentru un beneficiu de moment, vom avea certuri şi neplăceri întotdeauna. Dar, dacă slujim altora din inimă, împlinind dorinţa Duhului Sfânt, vom avea bucurie.

Acelaşi principiu se aplică în orice altă situaţie. Odată, poate, aţi judecat pe alţii după standardele proprii, dar dacă aveţi o inimă schimbată şi îi priviţi pe alţii cu bunătate, veţi avea pace. Ce-o să faceţi când întâlniţi pe cineva care are o personalitate şi păreri foarte diferite de ale voastre? Încercaţi să-l evitaţi, sau îl salutaţi călduros cu un zâmbet? Pentru cei necredincioşi va fi mult mai confortabil să evite și să ignore pe cei care nu le sunt plăcuți decât să încerce să fie drăguți cu ei.

Cei care împlinesc dorințele Duhului Sfânt vor zâmbi când vor vedea pe alții care au o inimă plină de dorința de a sluji. Când ne sacrificăm pe noi înșine pentru a aduce mângâiere altora (1 Corinteni 15:31), vom experimenta pacea și bucuria adevărată care vin de sus. Mai mult, vom putea să ne bucurăm de pace și bucurie mereu, chiar dacă avem sentimente neplăcute față de cineva, sau personalitatea cuiva nu ni se potrivește.

Să presupunem că primiți un telefon de la un lider din biserică care vă roagă să îl însoțiți într-o vizită la o persoană care nu a venit duminică la biserică, sau vă roagă să împărtășiți Evanghelia unei persoane într-o zi de sărbătoare pe care rareori o aveți liberă. Pe de o parte, doriți să vă odihniți, iar pe de altă parte vă simțiți îndemnați să faceți lucrarea lui Dumnezeu. Voința voastră liberă este cea care decide, dar faptul că dormiți mult sau că trupul vă este confortabil nu vă aduce neapărat bucurie.

Puteți simți plinătatea Duhului Sfânt și bucurie când dăruiți pentru lucrarea Domnului din timpul vostru și din ce aveți. Pe măsură ce împliniți dorințele Duhului Sfânt din nou și din nou, nu numai că veți avea mai multă bucurie spirituală dar și inima vă va fi transformată într o inimă plină de adevăr. În aceeași măsură, veți aduce roada bucuriei și fața vă va străluci datorită luminii spirituale.

În al treilea rând, trebuie să semănăm semințele bucuriei și recunoștinței cu dăruire

Pentru a strânge recolta, un fermier trebuie să semene și să aibă grijă de ce a semănat. Tot astfel, pentru a aduce roada bucuriei trebuie să fim cu luare aminte la motivele de recunoștință și să aducem jertfe de mulțumiri lui Dumnezeu. Dacă suntem copiii lui Dumnezeu care au credință, avem atâtea motive de bucurie!

În primul rând, avem bucuria mântuirii care nu poate fi înlocuită cu nimic. De asemenea, Dumnezeul cel plin de bunătate este Tatăl nostru și El veghează asupra copiilor Săi care trăiesc conform adevărului și le răspunde la rugăciuni. Deci, cât de fericiți suntem? Dacă ținem ziua Domnului și dăm zeciuială cum trebuie, nu ne va lovi niciun dezastru și nu vom avea parte de niciun accident tot anul. Dacă nu păcătuim, ținem poruncile lui Dumnezeu și lucrăm cu credincioșie pentru Împărăție, vom primi binecuvântări întotdeauna.

Chiar dacă ne confruntăm cu greutăți, soluțiile la toate problemele le găsim în cele șaizeci și șase de cărți ale Bibliei. Dacă dificultatea prin care trecem se datorează greșelilor noastre, putem să ne pocăim și să ne îndreptăm de pe calea pe care mergem ca Dumnezeu să se îndure de noi și să ne dea răspuns la rugăciuni. Când privim înapoi, dacă inima nu ne condamnă, ne putem bucura și putem aduce mulțumiri. Atunci, Dumnezeu va face ca toate lucrurile să meargă spre bine și să ne dea binecuvântări.

Nu trebuie să luăm ca pe un lucru de apucat harul Domnului care ne-a fost dat. Trebuie să ne bucurăm și să-I aducem mulțumiri mereu. Când căutăm motive de mulțumire și ne bucurăm, Dumnezeu ne dă mai multe motive de mulțumire. Ca urmare, vom avea mai multă recunoștință și bucurie, iar în final vom aduce roada bucuriei pe deplin.

Întristarea ulterioară aducerii roadei bucuriei

Uneori putem fi mâhniți chiar dacă aducem roada bucuriei. Este o mâhnire spirituală potrivită cu adevărul.

În primul rând, putem fi triști pentru că trebuie să ne pocăim de ceva. Dacă dăm de încercări și de necazuri datorită păcatelor noastre, nu putem rezolva problema bucurându-ne și aducând mulțumiri. Dacă cineva se poate bucura după ce a păcătuit înseamnă că este o bucurie lumească care nu are de a face cu Dumnezeu. Într-un astfel de caz, trebuie să ne pocăim cu lacrimi și să ne îndreptăm umblarea. Trebuie să ne pocăim pe deplin, întrebându-ne: „Cum am putut să păcătuiesc astfel, deși am credință în Dumnezeu?", „Cum am putut să întorc spatele harului lui Dumnezeu?" Dumnezeu va primi pocăința noastră și, ca dovadă că zidul cauzat de păcat este dat la o parte, El ne va da bucurie. Ne vom simți atât de ușurați și de încântați de parcă am pluti în văzduh și vom primi o bucurie și o mulțumire care vin de sus.

Dar, întristarea pe care o simțim când trebuie să ne pocăim este diferită de lacrimile de suferință datorită durerii cauzate de greutăți și dezastre. Chiar dacă vă rugați plângând cu multe lacrimi și vă curge nasul, aceasta este doar o întristare firească atâta timp cât plângeți având resentimente față de situația voastră. De asemenea, dacă încercați să scăpați de probleme doar din cauză că vă temeți de pedeapsă dar nu vă lepădați de păcate complet, nu veți avea bucurie adevărată și nici nu veți simți că ați fost iertați. Dacă întristarea voastră este din pocăință sinceră, trebuie să vă lepădați de dorința de a mai face acel păcat și să aduceți roadele pocăinței. Doar atunci veți primi din nou bucuria spirituală.

În al doilea rând, putem fi triști din cauza unor lucruri neplăcute lui Dumnezeu sau din cauza sufletelor care merg pe calea pieirii. Este o mâhnire potrivită cu adevărul. Dacă simțiți o astfel de mâhnire, vă veți ruga pentru Împărăția lui Dumnezeu cu multă râvnă. Veți cere neprihănire și puterea de a duce la mântuire multe suflete și de a lărgi Împărăția lui Dumnezeu. Prin urmare, o astfel de întristare este plăcută înaintea lui Dumnezeu. Dacă aveți o astfel de mâhnire, bucuria din adâncul inimii voastre nu va dispărea. Nu vă veți pierde tăria din cauza supărării sau a descurajării, ci veți avea mulțumire și fericire.

În urmă cu câțiva ani, Dumnezeu mi-a arătat locașul ceresc al unei persoane care se roagă pentru Împărăția lui Dumnezeu și pentru biserică cu multă râvnă. Casa ei era decorată cu aur și pietre prețioase dar și cu niște perle mari, strălucitoare. După cum scoica își consumă energia pentru a face perle din sideful ei, tot astfel, această femeie s-a dăruit pe sine în rugăciune cum a făcut și Domnul și s-a rugat pentru Împărăția lui Dumnezeu și pentru suflete cu râvnă. Dumnezeu o răsplătește pentru rugăciunile făcute cu lacrimi. Prin urmare, trebuie să ne bucurăm întotdeauna cu credință în Dumnezeu și trebuie să ne rugăm cu lacrimi pentru Împărăția lui Dumnezeu și pentru alte suflete.

Mențineți o atitudine pozitivă și căutați bunătatea în toate lucrurile

Când Dumnezeu l-a creat pe primul om, Adam, i-a dat bucurie în inimă. Însă, bucuria pe care a avut-o atunci Adam este diferită de cea pe care o câștigăm după ce trecem prin cultivarea umană pe pământ.

Adam era o ființă vie, sau un duh viu, ceea ce înseamnă că nu avea caracteristici firești, deci nu avea niciun element care să fie în opoziție cu bucuria. Nu a avut cu ce să contrasteze bucuria și astfel nu a putut înțelege valoarea ei. Doar cei care au suferit de pe urma bolilor pot înțelege cât de prețioasă este sănătatea. Doar cei care au suferit de pe urma sărăciei pot înțelege adevărata valoare a unei vieți în abundență.

Adam nu experimentase nicio durere; nu putea să își dea seama ce viață fericită trăia. Deși se bucura de viața veșnică și de bogăția din Grădina Edenului, această bucurie nu era din toată inima. Însă, după ce a mâncat din pomul cunoștinței binelui și răului, în inima lui au intrat lucruri firești și a pierdut bucuria pe care i-o dăduse Dumnezeu. Pe măsură ce trecea prin multe dureri în această lume, inima lui se umplea de mâhnire, singurătate, resentimente, indignare și îngrijorări.

Am experimentat tot felul de dureri din lume, iar acum trebuie să recuperăm bucuria spirituală pe care a pierdut-o Adam. Pentru a putea face acest lucru, trebuie să ne lepădăm de lucrurile ce țin de fire, să împlinim mereu dorințele Duhului Sfânt și să semănăm semințele bucuriei și mulțumirii în toate lucrurile. Dacă adăugăm atitudini pozitive și căutăm bunătatea, putem aduce roada bucuriei pe deplin.

Această bucurie se câștigă după ce vom fi experimentat atât lucruri bune cât și lucruri rele pe acest pământ, spre deosebire de Adam care a experimentat doar lucruri bune în Grădina Edenului. Prin urmare, bucuria vine din adâncul inimii și nu se schimbă niciodată. Adevărata fericire de care ne vom putea bucura în Cer a fost deja cultivată în noi pe pământ. Cum vom putea exprima bucuria pe care o vom avea când ne vom sfârși viața de pe pământ și vom merge în Împărăția Cerurilor?

Luca 17:21 spune „Nu se va zice: «Uite-o aici!» sau: «Uite-o acolo!» Căci iată că Împărăția lui Dumnezeu este înăuntrul vostru." Sper să puteți aduce roada bucuriei în inimile voastre ca să gustați Cerul pe pământ și să duceți o viață plină de fericire.

Evrei 12:14

„*Urmăriți pacea cu toți și sfințirea, fără de care nimeni nu va vedea pe Domnul.*"

Capitolul 4

Pacea

Roada păcii
Cum aducem roada păcii
Cuvintele pline de bunătate sunt importante
Gândiți-vă cu înțelepciune și din perspectiva altora
Adevărata pace din inimă
Binecuvântări pentru cei împăciuitori

Pacea

Particulele de sare nu sunt vizibile însă, după ce se cristalizează, devin niște cristale cubice frumoase. O cantitate mică de sare se dizolvă în apă și schimbă toată structura apei. Pe lângă aceasta, este un condiment esențial pentru gătit. Micro elementele din sare, deși în cantitate mică, sunt esențiale pentru susținerea funcțiilor vitale.

După cum sarea se dizolvă pentru a da savoare mâncării și are rol de conservant, tot astfel, Dumnezeu dorește ca noi să ne sacrificăm pentru a edifica și sfinți pe alții și pentru a aduce roada păcii. Haideți să ne uităm la roada păcii, una dintre roadele Duhului Sfânt.

Roada păcii

Chiar dacă au credință în Dumnezeu, oamenii nu pot rămâne în relații de pace cu alții atâta timp cât eul lor sau „sinele" le stă în cale. Dacă consideră că au dreptate când își promovează ideile, ajung să ignore opiniile altora și să se poarte necuviincios. Chiar dacă s-a luat o decizie prin vot majoritar, ei continuă să se plângă de acea decizie. Se uită doar la neajunsurile altora și nu la părțile lor bune. Pot vorbi de rău pe alții și pot bârfi, prin urmare îndepărtează oamenii unii de alții.

Când suntem în preajma unor astfel de oameni, ne simțim de parcă am fi pe un pat de spini și nu avem pace. Unde sunt oameni care provoacă zânzanie, întotdeauna apar probleme, supărări și necazuri. Dacă nu este pace în țară, în familie, la serviciu, la biserică sau într-un grup, calea spre binecuvântări este blocată și astfel apar multe dificultăți.

Într-o piesă, eroul sau eroina sunt desigur importanți, dar și celelalte roluri și contribuțiile celor din echipă au însemnătatea lor. Același lucru este adevărat și în cadrul organizațiilor. Chiar dacă ceva poate părea neînsemnat, dacă fiecare persoană își face treaba cum trebuie, proiectele se pot duce la îndeplinire și astfel fiecare persoană de acest fel poate primi responsabilități mai mari în viitor. De asemenea, dacă cineva are o funcție importantă nu trebuie să fie arogant. Când îi ajută și pe ceilalți să își ducă la îndeplinire sarcinile, toate lucrările se desfășoară armonios.

În Romani 12:18 citim: „Dacă este cu putință, întrucât atârnă de voi, trăiți în pace cu toți oamenii". De asemenea, în Evrei 12:14 ni se spune: „Urmăriți pacea cu toți și sfințirea, fără de care nimeni nu va vedea pe Domnul."

Aici „pacea" înseamnă să ne putem raporta bine la alții care au alte opinii, chiar dacă opiniile noastre sunt cele corecte. Înseamnă a aduce mângâiere altora. De asemenea, necesită o inimă generoasă care se poate adapta la orice, cu condiția să fie în limitele adevărului. Înseamnă să urmărim folosul celorlalți fără a fi părtinitori. În același timp, presupune să nu intrăm în conflicte sau să cauzăm neplăceri altora prin faptul că nu ne exprimăm fățiș opiniile contradictorii și nu ne uităm la neajunsurile altor oameni.

Copiii lui Dumnezeu trebuie să trăiască în pace nu doar cu soțul sau soția, cu părinții, copiii, frații ci și cu toți oamenii. Trebuie să trăiască în pace nu doar cu cei pe care îi iubesc, ci și cu cei care îi urăsc și le creează dificultăți. Este foarte important ca în biserică oamenii să fie în relații de pace. Dumnezeu nu Își poate face lucrarea unde nu este pace și acest lucru îi dă oportunitatea lui Satan să ne acuze. De asemenea, chiar dacă lucrăm din greu să atingem nişte obiective în lucrarea lui Dumnezeu, nu putem primi laude dacă nu este pace.

În Geneza 26 vedem că Isaac a trăit în pace cu toţi, chiar în situaţii în care oamenii i-au creat neplăceri. Era vremea la care, încercând să plece din cauza foametei, Isaac s-a dus în ţara filistenilor. El a fost binecuvântat de Dumnezeu, iar numărul turmelor şi cirezilor sale a crescut şi a devenit foarte bogat. Filistenii erau geloşi pe el şi îi înfundau fântânile cu pământ.

Nu dădeau ploile în acel loc şi în special vara nu ploua deloc. Fântânile erau fără apă. Totuşi, Isaac nu s-a luat la ceartă şi nu s-a luptat cu ei. A plecat din locul acela şi a săpat o altă fântână. Ori de câte ori găsea o fântână după muncă multă, filistenii veneau şi spuneau că e a lor. Cu toate acestea, Isaac nu a protestat şi le-a lăsat lor fântânile. Se ducea în altă parte şi săpa altă fântână.

Acest lucru s-a repetat de multe ori, dar Isaac a răspuns acelor oameni cu bunătate, iar Dumnezeu l-a binecuvântat ca să găsească o fântână oriunde mergea. Când au văzut acest lucru, filistenii şi-au dat seama că Dumnezeu era cu el şi nu l-au mai necăjit. Dacă Isaac s-ar fi certat sau s-ar fi luptat cu ei pentru că nu era tratat bine, ar fi devenit duşmanul lor şi ar fi trebuit să plece din locul acela. Chiar dacă s-ar fi putut apăra pe drept, nu ar fi fost bine deoarece filistenii căutau motive de ceartă cu el pentru că aveau intenţii rele. Din acest motiv, Isaac s-a atătat plin de bunătate faţă de ei şi a adus roada păcii.

Dacă aducem roada păcii în acest fel, Dumnezeu are controlul asupra tuturor situaţiilor ca să putem prospera în toate lucrurile.

Cum putem însă să aducem roada păcii?

Cum aducem roada păcii

În primul rând, trebuie să fim împăcați cu Dumnezeu.

Cel mai important lucru pentru a rămâne împăcați cu Dumnezeu este să nu existe niciun zid de păcat care să ne departă de El. Adam a trebuit să se ascundă de Dumnezeu pentru că a încălcat Cuvântul Lui și a mâncat din fructul oprit (Geneza 3:8). Înainte avea o părtășie intimă cu Dumnezeu, dar acum prezența Lui aducea sentimente de frică și înstrăinare. Acest lucru se datora faptului că nu mai avea pace cu Dumnezeu din cauza păcatului.

La fel se întâmplă și cu noi. Dacă trăim conform adevărului, putem avea pace cu Dumnezeu și putem avea îndrăzneală înaintea Lui. Desigur, pentru a avea pace perfectă și deplină, trebuie să ne lepădăm de tot răul și de păcatele din inimă ca să ne sfințim. Chiar dacă nu suntem încă desăvârșiți, atâta timp cât trăim potrivit cu adevărul și cu măsura noastră de credință, putem avea pace cu Dumnezeu. Nu putem avea pace deplină cu Dumnezeu de la început, dar putem avea pace cu El când căutăm pacea cu Dumnezeu potrivit cu măsura noastră de credință.

Chiar dacă încercăm să avem pace cu oamenii, trebuie să căutăm în primul rând pacea cu Dumnezeu. Deși trebuie să căutăm să trăim în pace cu părinții, copiii, soțul sau soția, prietenii sau colegii de serviciu, nu trebuie să facem niciun lucru contrar adevărului. Mai precis, nu trebuie să ne pierdem pacea cu Dumnezeu pentru a avea pace cu oamenii.

De exemplu, ce se întâmplă dacă ne închinăm idolilor sau nu ținem ziua Domnului pentru a avea pace cu cei din familie care nu sunt credincioși? Pentru moment s-ar putea să avem pace, dar în realitate am rupt pacea cu Dumnezeu prin faptul că am creat un zid de păcat între El și noi. Nu ne este permis să păcătuim ca să avem pace cu oamenii. De asemenea, dacă nu ținem ziua Domnului pentru a participa la nunta unui prieten sau membru de familie, înseamnă că rupem pacea cu Dumnezeu și, în final, nu putem avea pace nici cu acei oameni.

Pentru a avea pace cu oamenii trebuie să Îi fim plăcuți lui Dumnezeu înainte de toate. Astfel, Domnul va putea da la o parte dușmanul diavolul și Satana și va putea schimba persoanele rele ca să putem avea pace cu toți. Astfel, Proverbe 16:7 spune: „Când sunt plăcute Domnului căile cuiva, îi face prieteni chiar și pe vrăjmașii lui."

Desigur, într-o relație, cealaltă persoană poate rupe pacea cu noi în mod repetat chiar dacă noi facem ce ține de noi, în limitele adevărului. În astfel de situație, dacă trăim potrivit cu adevărul până la sfârșit, Dumnezeu va face ca tot ce se întâmplă să lucreze spre bine. Așa a fost și în cazul lui David și al Împăratului Saul. Datorită geloziei, Saul a încercat să-l omoare pe David, dar acesta a răspuns cu bunătate până la sfârșit. David a avut multe oportunități să-l omoare pe Saul, dar a ales să caute pacea cu Dumnezeu, purtându-se cu bunătate. În final, Dumnezeu l-a așezat pe David pe scaunul de domnie pentru a-l răsplăti pentru faptele sale bune.

În al doilea rând, trebuie să fim împăcați cu noi înșine.

Pentru a fi împăcați cu noi înșine, trebuie să ne lepădăm de toate formele de răutate și să fim sfințiți. Atâta timp cât avem răutate în inimă, aceasta va fi stârnită în diferite situații și astfel pacea va fi perturbată. Poate credem că avem pace când lucrurile merg bine, după cum ne așteptăm să meargă, dar pacea este tulburată când lucrurile nu merg bine, ceea ce stârnește răutatea din inimă. Cât de neplăcut este când ura și mânia ard în inima noastră! Putem avea pace în inimă, indiferent de circumstanțe, dacă vom continua să alegem adevărul.

Unii oameni, însă, nu au adevărata pace în inimă chiar dacă încearcă să trăiască potrivit cu adevărul pentru a avea pace cu Dumnezeu. Acest lucru se datorează faptului că au o neprihănire de sine și sunt limitați de tiparele lor personale de gândire.

De exemplu, unii oameni nu au pace în gândurile lor pentru că sunt prea legaliști. Asemenea lui Iov, înainte să treacă prin încercări, acești oameni, deși se roagă mult și încearcă să trăiască pe baza Cuvântului lui Dumnezeu, nu fac aceste lucruri din dragoste pentru Dumnezeu. Trăiesc după Cuvântul lui Dumnezeu din cauză că se tem de pedeapsa și osânda din partea Lui. Dacă cumva încalcă adevărul în anumite circumstanțe, le e teamă că vor avea de înfruntat niște situații nefaste.

În astfel de cazuri, cât de tulburată trebuie să le fie inima în pofida faptului că încearcă să trăiască după adevăr! Așadar, ei stagnează în creșterea lor spirituală și își pierd bucuria. În final, suferă datorită neprihănirii de sine și a tiparelor de gândire. În acest caz, în loc să își îndrepte toate eforturile în detaliile păstrării legii, ar trebui să își cultive dragostea pentru Dumnezeu. Un om se poate bucura de pacea adevărată dacă Îl iubește pe Dumnezeu din toată inima și Îi înțelege dragostea.

Să vă mai dau un exemplu. Unii oameni nu sunt împăcați cu ei înșiși din cauza gândirii negative pe care o au. Încearcă să trăiască potrivit cu adevărul, dar se condamnă singuri și își provoacă singuri durere în inimă dacă nu obțin rezultatul dorit. Vin cu părere de rău înaintea lui Dumnezeu și se descurajează crezând că au multe neajunsuri. Își pierd pacea, gândindu-se: „Oare ce s-ar întâmpla dacă oamenii din jur ar fi dezamăgiți de mine? Ce-o să fie dacă mă dau uitării?"

Astfel de oameni trebuie să devină copii spirituali. Gândirea copiilor care se încred în dragostea părinților este simplă. Chiar dacă fac greșeli, nu se ascund de părinți ci aleargă la pieptul părinților, spunându-le că vor face mai bine data viitoare. Dacă spun că le pare rău și că vor fi mai atenți data viitoare cu o față plină de dragoste și încredere probabil că îi vor face pe părinții lor să zâmbească chiar dacă aceștia se gândeau să îi pedepsească.

Desigur, aceasta nu înseamnă că veți spune doar că nu se va mai repeta data viitoare însă veți continua să faceți aceeași greșeală. Dacă doriți cu adevărat să întoarceți spatele păcatelor și să faceți mai bine data viitoare, de ce Și-ar întoarce Dumnezeu fața de la voi? Cei care se pocăiesc de-adevăratelea nu se descurajează și nu își pierd nădejdea din cauza altor oameni. Desigur, poate va trebui să fie pedepsiți sau să li se dea o poziție mai inferioară pentru o vreme ca să se facă dreptate. Cu toate acestea, dacă cunosc cu adevărat dragostea lui Dumnezeu față de ei, pot să primească mustrările de la Dumnezeu și să nu ia în considerare părerile și comentariile altor oameni.

Pe de altă parte, lui Dumnezeu nu Îi place când ei continuă să se îndoiască, gândindu-se că nu au fost iertați de păcate. Dacă se pocăiesc cu adevărat și își îndreaptă calea, lui Dumnezeu Îi place să vadă că ei cred că au fost iertați. Chiar dacă trec prin încercări datorate greșelilor făcute, acestea se vor transforma în binecuvântări dacă le acceptă cu bucurie și mulțumire.

Prin urmare, trebuie să credem că Dumnezeu ne iubește, în pofida faptului că nu suntem perfecți, și că El ne va desăvârși dacă continuăm să ne schimbăm. De asemenea, dacă suntem smeriți printr-o încercare, trebuie să avem încredere în Dumnezeu și El ne va înălța la vremea potrivită. Trebuie să fim răbdători și să nu căutăm să fim apreciați de oameni. Dacă vom continua să ne umplem inima cu tot mai mult adevăr și vom continua să facem fapte bune, vom putea avea pace cu noi înșine și încredere spirituală.

În al treilea rând, trebuie să trăim în pace cu toți.

Pentru a trăi în pace cu toți oamenii, trebuie să ne sacrificăm pe noi înșine. Trebuie să ne putem sacrifica în folosul altora chiar cu prețul vieții. Pavel spune: „În fiecare zi eu sunt în primejdie de moarte" – prin urmare, ca să trăim în pace cu toți, trebuie să nu insistăm pe ale noastre, pe părerile sau pe preferințele noastre.

Pentru a trăi în pace trebuie să nu ne purtăm necuviincios sau să ne dăm importanță și să ne mândrim. Dimpotrivă, trebuie să ne smerim din inimă și să îi punem ce ceilalți mai presus de noi. Trebuie să nu fim părtinitori și, în același timp, se cuvine să putem accepta diferite modalități de abordare ale altora, în perimetrul adevărului. Trebuie să nu privim lucrurile prin măsura noastră de credință, ci prin punctul de vedere al altora. Chiar dacă opinia noastră este corectă, sau chiar mai bună, ar trebui să putem respecta opiniile altora.

Nu înseamnă, însă, că trebuie să îi lăsăm în pace să meargă pe calea lor, care i-ar duce spre moarte din cauza păcatelor pe care le fac. Nici nu trebuie să facem compromisuri sau să ne alăturăm lor, trăind în neadevăr. Uneori, este nevoie să le oferim un sfat sau să îi mustrăm în dragoste. Putem primi binecuvântări mari când căutăm să trăim în pace conform adevărului.

În al doilea rând, pentru a trăi în pace cu toată lumea, trebuie să nu fim plini de o neprihănire de sine sau să fim axați pe tiparele noastre de gândire. Aceste „tipare de gândire" se referă la ceea ce consideră cineva că ar fi corect, bazat pe propria personalitate, sentiment de apartenență și de preferințe. „Neprihănirea de sine" în acest caz înseamnă a impune altora părerile, crezurile sau ideile personale, considerându-le superioare. Neprihănirea de sine și tiparele de gândire se manifestă în diferite forme în viețile noastre.

Ce se întâmplă când cineva încalcă regulile unei companii pentru a-și justifica acțiunile, considerând că regulile sunt greșite? Poate se gândește că ceea ce face este corect, dar cu siguranță șeful și colegii cred altceva. De asemenea, atâta timp cât opiniile altora sunt bazate pe adevăr, dacă cineva le urmează rămâne în adevăr.

Fiecare om are o personalitate diferită pentru că fiecare a crescut într-un mediu diferit. Oamenii primesc o educație diferită și au o măsură de credință diferită. Prin urmare, fiecare persoană are un standard de judecată distinct prin care decide dacă un lucru este corect sau greșit, bun sau rău. Un om poate crede că un anumit lucru este corect în timp ce altul crede că este greșit.

Haideți să discutăm relația dintre un soț și o soție, de exemplu. Să zicem că soțul dorește să vadă casa curată și ordonată, dar soția nu este așa de preocupată de aceasta. La început, soțul suportă cu dragoste și deretică singur prin casă. Însă, pe măsură ce trece timpul, devine frustrat. Începe să creadă că soția nu a primit o educație bună acasă. Se întreabă de ce ea nu poate face un lucru atât de simplu și de necesar. Nu înțelege de ce ea nu își schimbă obiceiurile după atâția ani, în pofida sfaturilor sale frecvente.

Pe de altă parte, soția are și ea ceva de spus. Dezamăgirea ei față de soț este în creștere și își spune: „Eu nu exist doar să fac curat și să țin casa frumoasă. Uneori, dacă nu pot face curat, trebuie să facă el. De ce se plânge atât de mult de lucrul acesta? Înainte părea dispus să facă orice pentru mine, dar acum se plânge pentru lucruri de nimic. Aduce în discuție chiar și educația pe care am primit-o în familie!" Dacă fiecare insistă asupra opiniilor și dorințelor proprii, soții nu vor putea avea pace. Aceasta se poate obține doar când fiecare ia în considerare și punctul de vedere al celuilalt și se slujesc unul pe altul și nu când fiecare o ține pe-a lui.

Isus ne-a spus că, dacă ne aducem darul înaintea Domnului și avem ceva împotriva unei persoane, trebuie să ne împăcăm prima dată și apoi să ne aducem darul (Matei 5:23-24). Darurile noastre vor fi primite de Dumnezeu doar după ce ne vom fi împăcat cu fratele nostru.

Cei care sunt împăcați cu Dumnezeu și cu ei înșiși nu vor

tulbura pacea cu alții. Nu se vor lua la ceartă cu nimeni pentru că se vor fi lepădat de lăcomie, aroganță, mândrie, neprihănire de sine și tipare greșite de gândire. Chiar dacă alții sunt răi și creează probleme, acești oameni se vor sacrifica pe ei înșiși ca să facă pace.

Cuvintele pline de bunătate sunt importante

Sunt câteva lucruri pe care trebuie să le luăm în considerare când căutăm pacea. Este foarte important să spunem doar cuvinte pline de bunătate pentru a o menține. Astfel, în Proverbe 16:24 citim următoarele: „Cuvintele prietenoase sunt ca un fagure de miere, dulci pentru suflet și sănătoase pentru oase". Cuvintele prietenoase dau tărie și curaj celor care sunt descurajați. Pot fi un leac alinător ce dă viață sufletelor care sunt pe moarte.

În contrast, cuvintele pline de răutate distrug pacea. Când Roboam, fiul împăratului Solomon, a urcat pe tron, oamenii din cele zece seminții l-au rugat să le ușureze jugul. Împăratul însă le-a răspuns astfel: „Tatăl meu v-a îngreuiat jugul, dar eu îl voi îngreuia și mai mult; tatăl meu v-a pedepsit cu bice, dar eu vă voi pedepsi cu scorpioane" (2 Cronici 10:14). Din această cauză, relația dintre împărat și oameni a fost tensionată iar, în final, împărăția s-a scindat.

Limba omului este un organ foarte mic din trup, dar are o putere imensă. Este ca un foc mic care se poate extinde foarte mult și poate cauza daune mari dacă nu este stăvilit. Din acest motiv Iacov 3:6 spune: „Limba este și ea un foc, este o lume de nelegiuiri. Ea este aceea dintre mădularele noastre care întinează tot trupul și aprinde roata vieții, când este aprinsă de focul gheenei." De asemenea, în Proverbe 18:21 scrie: „Moartea și viața sunt în puterea limbii; oricine o iubește, îi va mânca roadele."

În mod special, dacă ne exprimăm resentimentele și ne plângem datorită diferențelor de opinie, acestea sunt sentimente negative și astfel dușmanul diavolul și Satana ne pot acuza. De asemenea, dacă nutrim antipatie și nemulțumire nu este totuna cu a le exprima prin vorbe și fapte. A avea o sticluță de cerneală în buzunar nu este același lucru cu a lua capacul și a vărsa cerneala. Dacă o vărsați, cerneala vă va păta și pe voi, și pe cei din jur.

Tot astfel, când faceți lucrarea lui Dumnezeu, puteți ajunge să fiți nemulțumiți doar pentru că unele lucruri nu se potrivesc cu ideile voastre. Apoi, dacă sunt și alții care vă împărtășesc ideile vor vorbi cu aceeași atitudine. Dacă numărul crește la doi și trei devine o sinagogă a Satanei. Pacea va fi tulburată în acea biserică și va duce la stagnarea bisericii. Prin urmare, trebuie să vedem, să auzim și să vorbim doar lucruri bune (Efeseni 4:29). Trebuie să nici nu auzim vorbele care nu sunt pline de bunătate și de adevăr.

Gândiți-vă cu înțelepciune și din perspectiva altora

O altă situație la care trebuie să ne uităm este cazul în care nu aveți resentimente față de altă persoană, dar aceasta rupe pacea. Aici trebuie să vedeți dacă este cu adevărat vina celeilalte persoane. Uneori, sunteți cauza pentru care pacea este ruptă și nici măcar nu vă dați seama.

Ați putea răni sentimentele celorlalți din lipsă de considerație, prin vorbe sau printr-o purtare neînțeleaptă. În astfel de situații, dacă veți continua să vă gândiți doar că nu aveți antipatie față de cealaltă persoană, nu veți putea avea pace cu ea, nici nu veți ajunge să vă dați seama că sunteți de vină ca să vă puteți schimba. Trebuie să vă puteți verifica și să vedeți dacă sunteți într-adevăr un om al păcii din punctul de vederea al celeilalte persoane.

Din punctul lui de vedere, un lider poate crede că menține pacea, dar cei din subordinea lui pot crede că le creează greutăți. Nu își pot exprima sentimentele față de un superior, ci doar le înăbușă și suferă în tăcere.

Un episod cunoscut îl aduce în prim plan pe primul ministru Hwang Hee al dinastiei Chosun. El a văzut un fermier care își ara terenul cu doi boi. Ministru l-a întrebat: „Care dintre boi lucrează mai din greu?" Fermierul l-a luat dintr-o dată de mână pe ministru și l-a tras deoparte. I-a șoptit la ureche: „ Cel negru e uneori leneș, dar cel gălbui lucrează din greu." „De ce m-ai tras deoparte ca să îmi șușotești la ureche răspunsul despre boi?" – l-a întrebat Hwag Hee cu un zâmbet pe față. Fermierul i-a răspuns: „Nici animalelor nu le place când le vorbim de rău." Se spune că Hwang Hee și-a dat seama atunci de lipsa lui de considerație.

Ce s-ar fi întâmplat dacă cei doi boi ar fi înțeles spusele fermierului? Cel gălbui ar fi devenit arogant și cel negru i-ar fi dat de furcă celui gălbui sau ar fi devenit descurajat și ar fi lucrat mai puțin decât înainte.

Din această povestire, putem învăța că trebuie să avem considerație chiar și pentru animale și trebuie să fim atenți să nu folosim cuvinte tendențioase sau să fim părtinitori prin purtarea noastră. Acolo unde este favoritism, apare gelozie și aroganță. De exemplu, dacă lăudați o singură persoană înaintea multor oameni, sau dacă mustrați în public pe cineva, puteți crea disensiuni. Trebuie să procedați cu atenție și să fiți înțelepți ca să nu creați astfel de situații.

De asemenea, sunt oameni care suferă de pe urma favoritismului și discriminării din partea șefilor, iar când ajung ei în funcții de conducere, discriminează pe unii și devin părtinitori față de alții. Dacă ați fost tratați cu nedreptate trebuie să fiți atenți la faptele și vorbele voastre ca pacea să nu fie ruptă.

Adevărata pace din inimă

Un alt lucru pe care trebuie să îl știți când vreți să trăiți în pace este că adevărata pace trebuie să fie în primul rând în inimă. Chiar și oamenii care nu sunt împăcați cu Dumnezeu sau cu ei înșiși pot avea pace cu alți oameni până la un punct. Mulți credincioși aud că nu trebuie să rupă pacea, astfel că ajung să își poată ține sub control resentimentele și să nu intre în conflicte cu alții care au păreri diferite. Însă, faptul că nu au conflicte exterioare nu înseamnă că au adus roada păcii. Roada Duhului Sfânt se produce nu doar pe dinafară, ci și pe dinăuntru, în inimă.

De exemplu, dacă cealaltă persoană nu vă slujește sau nu vă respectă, vă simțiți ofensați, chiar dacă nu o arătați pe dinafară. Poate vă gândiți: „Trebuie doar să am mai multă răbdare!" și încercați să slujiți acea persoană. Să presupunem totuși că atitudinea acesteia continuă.

În această situație, ofensa voastră crește. Nu vă puteți exprima resentimentele pentru că v-ar putea răni mândria, dar e posibil să criticați indirect persoana. Într-un fel, vă puteți simți chiar persecutați. Uneori, nu îi înțelegeți pe alții și aceasta poate sta în calea păcii în acea relație. Nu spuneți nimic pentru că vă e teamă să nu ajungeți la certuri dacă aveți discuții în contradictoriu. Nu mai vorbiți cu acea persoană și vă gândiți: „Este atât de rea și insistă atât de mult pe opiniile sale că nu mai pot vorbi cu ea".

În acest fel, nu rupeți pacea pe dinafară dar, în același timp, nu aveți sentimente plăcute față de acea persoană. Nu sunteți de acord cu opiniile ei și nu vreți să îi stați prin preajmă. Poate vă plângeți și altora, vorbind despre neajunsurile ei. Vă exprimați ce simțiți, spunând: „Persoana asta este foarte rea. Cum poate să o înțeleagă cineva și să priceapă ce a făcut? Continui să o suport și să mă port cu bunătate față de ea." Desigur, este mai bine rupeți pacea direct, față în față, decât să o faceți într-un asemenea mod indirect.

Pentru a avea adevărata pace însă trebuie să slujiți pe alții din inimă. Nu trebuie să vă suprimați astfel de sentimente și să doriți să fiți slujiți de alții. Trebuie să aveți dorința de a sluji pe alții și de a le căuta folosul.

Să nu zâmbiți pe dinafară în timp ce judecați pe alții pe dinăuntru. Trebuie să îi înțelegeți pe alții din punctul lor de vedere. Doar atunci Duhul Sfânt Își poate face lucrarea. Chiar dacă își caută propriul folos, vor fi cercetați în inimă și se vor schimba. Când fiecare persoană implicată are neajunsuri, fiecare poate să își asume vina. În final, toți se pot bucura de pace adevărată și pot să împărtășească ce au pe inimă.

Binecuvântări pentru cei împăciuitori

Cei care au pace cu Dumnezeu, cu ei înşişi şi cu oamenii, au autoritate să îndepărteze întunericul. Astfel, pot să aibă pace în jurul lor. După cum scrie în Matei 5:9 „Ferice de cei împăciuitori, căci ei vor fi chemaţi fii ai lui Dumnezeu!", aceştia au autoritatea de copii ai lui Dumnezeu, autoritatea luminii.

De exemplu, dacă sunteţi un lider din biserică, puteţi să îi ajutaţi pe alţi credincioşi să aducă roada păcii. Mai precis, le puteţi arăta Cuvântul Adevărului care are autoritate şi putere, ca să se îndepărteze de păcat şi să se lepede de neprihănirea de sine şi de tiparele proprii de gândire. Când se creează sinagogi ale Satanei, care îndepărtează oameni unii de alţii, puteţi să le distrugeţi prin puterea cuvântului vostru. În acest fel, puteţi aduce pace între oameni diferiţi.

Ioan 12:24 spune: „Adevărat, adevărat vă spun că dacă grăuntele de grâu care a căzut pe pământ nu moare, rămâne singur; dar dacă moare, aduce mult rod". Isus s-a sacrificat pe Sine şi a murit ca un grăunte de grâu şi a adus mult rod. El a iertat păcatele nenumăratelor suflete muritoare şi le-a împăcat cu Dumnezeu. Prin urmare, Domnul Însuşi a devenit Regele Regilor şi Domn al Domnilor şi a primit o mare slavă şi onoare.

Putem aduce o recoltă bogată doar când ne sacrificăm pe noi înşine. Dorinţa lui Dumnezeu Tatăl pentru copiii Săi iubiţi este să se sacrifice şi să „moară ca bobul de grâu" pentru a aduce viaţă, aşa cum a făcut Isus. El a spus în Ioan 15:8: „Dacă aduceţi mult rod, prin aceasta Tatăl Meu va fi proslăvit; şi voi veţi fi astfel ucenicii Mei." După cum ni se spune, haideţi să împlinim dorinţele

Duhului Sfânt ca să aducem roada păcii și să călăuzim multe suflete pe calea mântuirii.

Evrei 12:14 spune: „Urmăriți pacea cu toți și sfințirea, fără de care nimeni nu va vedea pe Domnul." Chiar dacă aveți absolută dreptate, dacă alții sunt tulburați din cauza voastră și apar conflicte, acesta nu este un lucru plăcut înaintea Domnului, de aceea trebuie să vă cercetați. Astfel, puteți deveni o persoană sfințită, fără păcate, care Îl poate vedea pe Domnul. Când faceți acest lucru, sper să vă puteți bucura de autoritate spirituală pe acest pământ, să fiți numiți fii și fiice ai lui Dumnezeu și să obțineți o poziție onorabilă în Cer, de unde să-L puteți vedea pe Domnul tot timpul.

Iacov 1:4

„Dar răbdarea trebuie să-și facă desăvârșit lucrarea, pentru ca să fiți desăvârșiți, întregi și să nu duceți lipsă de nimic."

Capitolul 5

Răbdarea

Răbdarea nu trebuie să fie răbdătoare
Roada răbdării
Răbdarea părinților în credință
Răbdarea necesară intrării în Împărăția Cerurilor

Răbdarea

De multe ori parcă fericirea în viață depinde de faptul că suntem sau nu răbdători. Datorită lipsei de răbdare, oamenii fac lucruri pe care le regretă foarte mult în relațiile dintre părinți și copii, soți și soție, frați și surori ori relațiile dintre prieteni. Succesul și eșecul la școală, serviciu sau în afaceri pot depinde și ele de răbdare. Aceasta este un element foarte important în viețile noastre.

Răbdarea spirituală și ceea ce oamenii din lume cred că este răbdare sunt foarte diferite una de cealaltă. Oamenii din lume îndură cu răbdare, dar este o răbdare lumească. Dacă au resentimente, suferă mult în încercarea de a le suprima. Pot ajunge să-și scrâșnească dinții sau chiar să nu mai mănânce. În final, poate duce la probleme cum ar fi anxietatea sau depresia. Cu toate acestea, se spune că oamenii care își pot înăbuși sentimentele dovedesc că au răbdare. Dar aceasta nu este defel răbdare spirituală.

Răbdarea nu trebuie să fie răbdătoare

Răbdarea spirituală înseamnă să fim răbdători având o atitudine de bunătate, nu de răutate. Dacă aveți răbdare și sunteți plini de bunătate, puteți depăși greutăție cu o atitudine de mulțumire și nădejde. Astfel veți dobândi o inimă largă. Pe de altă parte, dacă aveți răbdare dar sunteți plini de răutate, sentimentele rele se vor acumula și inima voastră va deveni din ce în ce mai aspră.

Să presupunem că cineva vă vorbește urât și vă provoacă multă durere fără motiv. Simțiți că vă e rănit orgoliul și că sunteți victimizați dar, în același timp, nu puteți să dați la o parte gândul că trebuie să fiți răbdători potrivit cu Cuvântul lui Dumnezeu.

Dar, fața vi se înroșește, respirația vi se întețește, buzele vi se strâng când încercați să vă controlați gândurile și sentimentele. Dacă vă înăbușiți sentimentele în acest fel, ele se pot manifesta mai târziu, dacă lucrurile iau o turnură mai proastă. O astfel de răbdare nu este răbdarea spirituală.

Dacă aveți răbdare spirituală, inima voastră nu va fi tulburată de nimic. Chiar dacă sunteți acuzați pe nedrept, încercați să aplanați situația, gândindu-că că poate e vreo neînțelegere la mijloc. Dacă aveți o astfel de inimă, nu veți ajunge în situații în care trebuie să suportați sau să iertați pe cineva. Haideți să vă dau o ilustrație simplă.

Într-o noapte rece de iarnă, o casă anume avea luminile aprinse până târziu. Bebelușul casei avea o febră mare de 40°C (104°F). Tatăl bebelușului și-a înmuiat tricoul în apă rece și l-a înfășurat pe bebeluș în el. Când tatăl a pus tricoul rece pe bebeluș, acesta a fost luat prin surprindere și nu i-a plăcut. Însă a fost mângâiat în brațele tatălui chiar dacă tricoul a fost rece la început.

Când tricoul se încălzea datorită febrei bebelușului, tatăl îl înmuia din nou în apă rece. El a trebuit să își ude tricoul de nenumărate ori înainte să vină dimineața. Nu părea însă obosit, ci mai degrabă privea cu drag bebelușul care dormea în brațele sale ocrotitoare.

Deși stătuse treaz toată noaptea, nu se plângea de foame sau de oboseală. Nu se gândea la trupul său, ci atenția lui era îndreptată spre bebeluș, gândindu-se la cum l-ar fi putut face să se simtă mai bine și mai confortabil. Când bebelușul a început să se simtă mai bine, tatăl nu s a gândit la efortul său. Când iubim pe cineva, putem să îndurăm dificultăți și osteneală fără să ne trebuiască răbdare pentru nimic. Aceasta este însemnătatea spirituală a răbdării.

Roada răbdării

În Corinteni capitolul 13, „Capitolul dragostei", vedem că se vorbește despre răbdare și anume despre răbdarea de a cultiva dragostea. De exemplu, spune că dragostea nu își caută folosul propriu. Potrivit cu acest cuvânt, pentru a putea renunța la dorințele noastre și a căuta folosul altora, vom trece prin situații în care răbdarea ne va fi încercată. Răbdarea din „Capitolul dragostei" este răbdarea de a cultiva dragostea.

Răbdarea ca roadă a Duhului Sfânt înseamnă răbdarea în toate lucrurile. Acest fel de răbdare este la un nivel superior răbdării care vine din dragostea spirituală. Când încercăm să atingem un țel, fie că este pentru Împărăția lui Dumnezeu sau pentru sfințirea personală, ne lovim de dificultăți. Vom avea parte de durere și vom depune eforturi care ne vor consuma energia. Dar vom putea îndura cu răbdare, cu credință și dragoste pentru că avem nădejde că vom culege roade. Acest fel de răbdare este răbdarea ca una din roadele Duhului Sfânt. Acest fel de răbdare este necesară în schimbarea inimii, în relațiile dintre oameni și în relația dintre om și Dumnezeu.

Răbdarea necesară în schimbarea inimii.

Cu cât avem mai mult rău în inimă, cu atât ne este mai greu să fim răbdători. Dacă avem mânie, arganță, lăcomie, neprihănire de sine și tipare de gândire omenești, vom experimenta resentimente și accese de furie care se pot isca din lucruri mărunte.

Un membru din biserică avea un venit lunar de 15.000 dolari dar, într-o lună, venitul lui a fost mult mai mic. S-a plâns înaintea lui Dumnezeu cu supărare. Mai târziu a mărturisit că nu era recunoscător pentru bunăstarea de care se bucura pentru că avea lăcomie în inimă.

Trebuie să fim recunoscători pentru tot ce ne dă Dumnezeu chiar dacă nu câștigăm prea mult. Astfel, lăcomia nu se va instala în inima noastră și vom putea primi binecuvântările lui Dummnezeu.

Însă, pe măsură ce îndepărtăm răul din inima noastră și ne sfințim, este din ce în ce mai ușor să fim răbdători. Putem să suferim în tăcere chiar și în situații dificile. Putem să înțelegem și să iertăm pe alții, fără să ajungem să ne înăbușim sentimentele.

În Luca 8:15 scrie: „Sămânța care a căzut pe pământ bun sunt aceia care, după ce au auzit Cuvântul, îl țin într-o inimă bună și curată și fac rod în răbdare." Acest verset se referă la oamenii care au inimi bune, asemenea pământului bun, și care pot fi răbdători până când aduc roade bune.

Cu toate acestea, trebuie să răbdăm și să depunem efort pentru a ne schimba inimile într-un pământ bun. Sfințenia nu se obține automat, doar pentru că o dorim. Trebuie să fim ascultători față de adevăr prin post și rugăciuni pline de zel, din toată inima. Este necesar să renunțăm la ce am iubit odată și la lucrurile care nu sunt benefice din punct de vedere spiritual. Nu trebuie să ne oprim pe la jumătate sau după ce am încercat de câteva ori. Până nu culegem roada sfințirii pe deplin și până nu ne atingem scopul, este nevoie să facem tot ce putem ca să ne înfrânăm poftele și să trăim după Cuvântul lui Dumnezeu.

Scopul primordial al credinței este să ne ajute să intrăm în Împărăția Cerească și, în special, în cel mai frumos locaș ceresc, Noul Ierusalim. Trebuie să continuăm pe cale cu râvnă și răbdare până când ajungem la destinația finală.

Însă, uneori, vedem cazuri în care oamenii experimentează o încetinire a procesului de sfințire a inimii lor, după ce au dus o viață de creștin dedicat.

Ei se leapădă repede de „faptele firii" pentru că sunt păcate care se văd în exterior. Însă, deoarece „lucrurile firii pământești" nu se văd pe dinafară, procesul de lepădare de ele este încetinit. Când oamenii văd neadevăr în ei, se roagă stăruitor să se lepede de el, dar uită de acesta după câteva zile. Dacă vreți să îndepărtați complet o buruiană, nu e suficient să îi rupeți doar frunzele, ci trebuie să o smulgeți din rădăcină. Același principiu se aplică și la natura păcătoasă. Trebuie să vă rugați și să vă schimbați inima până la sfârșit, până când natura păcătoasă este smulsă din rădăcini.

La început, când eram un creștin întors de curând la Domnul, m-am rugat să mă lepăd de anumite păcate, pentru că am înțeles din Biblie că Dumnezeu urăște foarte mult lucruri cum ar fi ura, mânia și aroganța. Când am aderat la perspectiva mea egocentrică, nu am putut lepăda ura și sentimentele neplăcute din inimă. Însă, prin rugăciune, Dumnezeu mi-a dat har să înțeleg punctele de vedere ale altora și atunci toate sentimentele mele negative împotriva lor au dispărut și ura s-a stins.

Am învățat să fiu răbdător pe măsură ce mă lepăd de mânie. Într-o situație în care am fost acuzat pe nedrept, am început să număr în minte „unu, doi, trei, patru..." și m-am abținut să spun cuvintele pe care vroiam să le rostesc. La început, a fost dificil să îmi stăpânesc mânia, dar pe măsură ce am încercat să-mi păstrez cumpătul, mânia și iritarea au început să dispară treptat. În final, chiar într-o situație care de obicei îmi provoca mânie, mintea mea nu a mai fost năpădită de acele gânduri.

Cred că mi-au trebuit trei ani să mă lepăd de aroganță. La începutul vieții de credință nici nu știam ce este aroganța, dar m-am rugat să mă eliberez de ea. În timp ce mă rugam, mă analizam. Ca urmare, am putut să respect și să onorez chiar persoanele care îmi păreau inferioare din multe privințe. Mai târziu, am ajuns să slujesc pe alți pastori cu aceeași atitudine, indiferent dacă aveau poziții de conducere sau erau ordinați de curând. După ce m-am rugat cu răbdare timp de trei ani, mi-am dat seama că nu mai am aroganță în mine și de atunci încolo nu a trebuit să mă mai rog să mă lepăd de aroganță.

Dacă nu scoateți rădăcina naturii păcătoase, acel aspect al păcatului se va manifesta în situații extreme. Puteți fi dezamăgiți când vă dați seama că încă mai aveți neadevăruri în inimă pe care ați crezut că le-ați lepădat. Puteți fi descurajați, gândindu-vă: „Am încercat să mă lepăd de acestea, dar le văd în continuare în mine".

Veți găsi tot felul de forme de neadevăr în voi până când smulgeți rădăcina principală a naturii păcătoase, dar aceasta nu înseamnă că nu ați progresat spiritual. Când curățați o ceapă, parcă vedeți aceleași straturi din nou și din nou. Însă, dacă veți continua să curățați ceapa, ea se va micșora până va dispărea. La fel este și cu natura păcătoasă. Nu trebuie să vă descurajați pentru că nu v-ați lepădat complet de ea. Este nevoie să aveți răbdare până la sfârșit și să continuați cu și mai multă râvnă, așteptând ziua din viitor în care veți fi schimbați.

Unii oameni se descurajează dacă văd că nu primesc binecuvântări materiale imediat după ce acționează în conformitate cu Cuvântul lui Dumnezeu. Ei cred că nu primesc nimic în schimb și că au doar de pierdut dacă se poartă cu bunătate. Unii oameni se chiar plâng pentru faptul că vin la biserică cu conștiinciozitate dar nu primesc binecuvântări. Desigur, acesta nu este un motiv să se plângă. Ei nu primesc binecuvântări de la Dumnezeu pentru că încă fac fapte izvorâte din neadevăruri și nu leapădă lucrurile de care Dumnezeu le-a spus să se lepede.

Faptul că se plâng demonstrează că și-au îndreptat credința în direcție greșită. Nu veți obosi dacă umblați în bunătate, adevăr și credință. Cu cât vă purtați cu mai multă bunătate, cu atât veți fi mai bucuroși și vă veți dori să aveți mai multă bunătate. Când vă sfințiți prin credință în acest fel, sufletului vostru îi va merge bine și veți avea parte de succes și sănătate.

Răbdarea necesară în relațiile dintre oameni.

În interacțiunile dintre oameni cu diferite personalități și diferite niveluri de educație se iscă disensiuni. În special, biserica este un loc în care se strâng oameni din diverse medii, prin urmare, începând de la lucruri mărunte până la probleme serioase, puteți avea păreri diferite și pacea poate fi perturbată.

Oamenii pot însă să spună: „Acest mod de gândire este complet diferit de al meu. Este greu pentru mine să lucrez cu el pentru că avem personalități diferite". Dar, chiar în relațiile dintre soț și soție, câte cupluri oare au personalități care se potrivesc? Gusturile și obiceiurile lor sunt diferite, dar trebuie să se supună unii altora ca să fie în folosul amândurora.

Cei care doresc sfințirea vor fi răbdători în orice situație și cu orice fel de persoană, și vor trăi în pace. Chiar și în situații dificile și incomode, ei se gândesc la ceilalți. Vor încerca să îi înțeleagă pe ceilalți oameni cu o inimă bună și rabdă în timp ce caută folosul altora. În situaţii în care alţii se poartă rău, ei îi rabdă. Răsplătesc răul doar cu bine şi nu cu rău.

De asemenea, trebuie să fim răbdători când evanghelizăm sau consiliem alte suflete sau când pregătim lucrători ai bisericii pentru lărgirea Împărăţiei lui Dumnezeu. În timp ce păstoream, am văzut oameni în care schimbările aveau loc foarte încet. Când ei se împrietenesc cu lumea şi Îl dezonorează pe Dumnezeu, vărs multe lacrimi de mâhnire dar, în ce ţine de mine, nu renunţ la ei niciodată. Am răbdare cu ei pentru că am speranţa că se vor schimba într-o zi.

Când pregătesc lucrători pentru biserică, trebuie să am răbdare vreme îndelungată. Nu pot să îi direcţionez pe toţi care sunt în subordinea mea sau să îi forţez să facă ce vreau eu. Chiar dacă ştiu că lucrurile vor merge mai încet, nu pot să iau responsabilităţile de la ceilalţi lucrători din biserică şi să le spun: „Nu eşti suficient de capabil. Eşti concediat". Prin urmare, sunt răbdător cu ei şi îi călăuzesc până ajung să fie capabili. Aştept cinci, zece sau cincisprezece ani până dobândesc abilitatea de a-şi îndeplini sarcinile prin pregătirea spirituală oferită.

Sunt lângă ei nu doar când nu aduc roadă, ci şi când lucrurile nu merg bine, ca să nu se clatine pe cale. Ar fi mai uşor dacă o altă persoană capabilă ar face lucrurile pentru ei, sau dacă sunt înlocuiţi cu cineva mai capabil. Însă, rabd cu ei până la sfârşit de dragul sufletului lor şi pentru lărgirea Împărăţiei lui Dumnezeu.

Dacă semănaţi sămânţa răbdării în acest fel, veţi secera rodul potrivit cu dreptatea lui Dumnezeu. De exemplu, dacă aveţi răbdare cu anumite suflete până se schimbă, rugându-vă pentru ele cu lacrimi, veţi avea o inimă largă care să îi cuprindă pe toţi. Astfel, veţi primi putere şi autoritate să învioraţi multe suflete. Veţi primi putere să schimbați sufletele pe care le purtați în inimă prin rugăciuni neprihănite. De asemenea, dacă vă controlați inima și semănați semințele răbdării chiar și în fața acuzațiilor false, Dumnezeu vă va ajuta să secerați roadele binecuvântării.

Răbdarea necesară în relația dintre om și Dumnezeu.

Se referă la răbdarea pe care ar trebui să o aveți până când primiți răspuns la rugăciuni. În Marcu 11:24 citim: „De aceea vă spun că orice lucru veți cere, când vă rugați, să credeți că l-ați și primit, și-l veți avea". Putem crede toate cuvintele din cele șaizeci și șase de cărți ale Bibliei dacă avem credință. Sunt promisiuni ale lui Dumnezeu că vom primi ce am cerut, prin urmare putem realiza orice prin rugăciune.

Desigur, nu înseamnă că ne rugăm și nu mai facem nimic. Trebuie să trăim potrivit cu Cuvântul lui Dumnezeu pentru a putea primi răspunsul. De exemplu, un elev, ale cărui note îl plasează cam pe la mijlocul clasei, se roagă să ajungă primul în clasă. Însă, visează cu ochii deschiși în timpul orelor și nu învață. Va ajunge astfel în fruntea clasei? Trebuie să învețe cu sârguință în timp ce se roagă cu râvnă ca Dumnezeu să Îl ajute să fie în fruntea clasei.

La fel se întâmplă și în cazul afacerilor. Puteți să vă rugați ca afacerea voastră să prospere, dar scopul vostru este, de fapt, să aveți o casă nouă, să faceți investiții în afaceri imobiliare și să vă cumpărați o mașină de lux. Veți primi atunci răspuns la rugăciuni? Desigur că Dumnezeu dorește să Își vadă copiii trăind în belșug, dar El nu poate fi mulțumit cu rugăciuni care să satisfacă lăcomia cuiva. El vă va conduce pe calea binecuvântărilor dacă doriți să ajutați pe cei în nevoie sau să susțineți lucrări misionare și dacă mergeți pe calea cea dreaptă fără să faceți nimic ilegal.

Sunt multe promisiuni în Biblie care spun că Dumnezeu răspunde rugăciunilor copiilor Săi. Însă, de multe ori, oamenii nu primesc răspunsuri la rugăciuni pentru că nu au suficientă răbdare. Oamenii pot cere răspuns imediat, dar Dumnezeu poate să nu le răspundă de îndată.

El le răspunde la timpul potrivit pentru că El cunoaște totul. Dacă cererea lor de rugăciune este un lucru mare și important, Dumnezeu răspunde doar când pocalul rugăciunilor înălțate către El s-a umplut. Când Daniel s-a rugat să primească revelații cu privire la lucrurile spirituale, Dumnezeu a trimis un înger cu răspunsul imediat ce Daniel a început să se roage. A durat însă două zeci și una de zile până când Daniel s-a întâlnit cu îngerul. În timpul celor douăzeci și una de zile, Daniel a continuat să se roage cu aceeași dăruire cu care a început. Dacă credem că am primit deja lucrul cerut, nu este greu să așteptăm să-l primim efectiv. Ne vom gândi doar la bucuria pe care o vom avea când vom primi efectiv soluția la problemă.

Unii credincioși nu așteaptă să primească răspunsul la cererea lor de rugăciune. Se roagă și postesc înaintea lui Dumnezeu dar, dacă răspunsul nu vine suficient de repede, renunță și se gândesc că Dumnezeu nu le va răspunde.

Dacă am crede cu adevărat și ne-am ruga, nu am putea fi descurajați și nu am renunța. Nu știm când vom primi răspunsul: mâine, diseară, după următoarea rugăciune, sau după un an. Dumnezeu știe când este momentul propice să ne dea un răspuns.

În Iacov 1:6-8 citim: „Dar s-o ceară cu credință, fără să se îndoiască, căci cel ce se îndoieşte este ca valul mării, purtat de vânt şi dus încoace şi încolo. Un astfel de om să nu se aştepte să primească ceva de la Domnul, fiindcă este un om nehotărât şi nestatornic în toate căile lui."

Cel mai mult contează cât de fermă este credinţa noastră când ne rugăm. Dacă suntem pe deplin încredinţaţi că am primit deja un răspuns, putem fi fericiţi şi bucuroşi în orice fel de situaţie. Dacă avem credinţă că vom primi un răspuns, ne vom ruga şi vom acţiona în baza credinţei până când vom avea roada în mână. Mai mult, dacă avem durere în inimă sau trecem prin persecuţii în timp ce facem lucrarea Domnului, putem aduce roadele bunătăţii doar prin răbdare.

Răbdarea părinţilor în credinţă

În timpul unui maraton apar şi momente grele. Bucuria trecerii liniei de sosire după acele momente grele este atât de mare şi poate fi înţeleasă doar de cei care au experimentat-o. Copiii lui Dumnezeu care aleargă în cursa credinţei pot înfrunta dificultăţi din când în când, dar le pot depăşi când privesc la Isus Cristos. Dumnezeu le va da harul şi tăria Lui, iar Duhul Sfânt îi va ajuta.

Evrei 12:1-2 spune: „Şi noi, dar, fiindcă suntem înconjuraţi cu un nor aşa de mare de martori, să dăm la o parte orice piedică şi păcatul care ne înfăşoară aşa de lesne şi să alergăm cu stăruinţă în alergarea care ne stă înainte. Să ne uităm ţintă la Căpetenia şi Desăvârşirea credinţei noastre, adică la Isus, care, pentru bucuria care-I era pusă înainte, a suferit crucea, a dispreţuit ruşinea, şi şade la dreapta scaunului de domnie al lui Dumnezeu."

Isus a suferit dispreţ şi ocară din partea creaturilor Sale până a împlinit planul mântuirii. Însă, pentru că ştia că va merge la dreapta scaunului de domnie al Tatălui și că va deschide calea spre mântuirea omenirii, El a răbdat până la sfârșit fără să se gândească la rușinea fizică. În fond, a murit pe cruce, luând asupra Sa păcatele lumii, dar a înviat a treia zi pentru a deschide calea spre mântuire. Dumnezeu L-a investit ca Rege al Regilor și Domn al Domnilor fiindcă a fost ascultător până la moarte, având o inimă plină de dragoste și credință.

Iacov, nepotul lui Avraam, a devenit tatăl națiunii Israel. El a avut o inimă stăruitoare. A luat dreptul de întâi născut al fratelui său, Esau, prin înșelăciune, după care a fugit în Haran. A primit promisiunea lui Dumnezeu la Betel.

Găsim această promisiune în Geneza 28:13-15: „...Pământul pe care ești culcat ți-l voi da ție și seminței tale. Sămânța ta va fi ca pulberea pământului; te vei întinde la apus și la răsărit, la miazănoapte și la miazăzi; și toate familiile pământului vor fi binecuvântate în tine și în sămânța ta. Iată, Eu sunt cu tine; te voi păzi pretutindeni pe unde vei merge și te voi aduce înapoi în țara aceasta; căci nu te voi părăsi, până nu voi împlini ce-ți spun." Iacov a îndurat dificultăți timp de două zeci de ani iar, în final, a devenit tatăl israeliților.

Iosif, al unsprezecelea fiu al lui Iacov, a fost iubit de acesta mai mult decât ceilalți frați ai lui. Într-o zi, însă, a fost vândut ca rob în Egipt chiar de frații lui. A fost dus ca rob într-o țară străină, dar nu s-a descurajat. A excelat în ceea ce i se dădea de făcut și a fost apreciat de stăpânul său pentru credincioșia lui. A fost promovat și i s-au dat în grijă toate treburile casei stăpânului lui, dar mai apoi a fost acuzat pe nedrept și pus într-o închisoare politică. A trecut prin încercare după încercare.

Desigur, toate aceste etape au fost, de fapt, harul lui Dumnezeu în procesul pregătirii lui pentru poziția de dregător al Egiptului. Nimeni nu a știut acest lucru decât Dumnezeu. Iosif nu a fost descurajat nici măcar în închisoare pentru că avea credință în Dumnezeu și în promisiunea pe care Acesta i-o făcuse încă din copilărie. A crezut că Dumnezeu îi va împlini visul în care soarele și luna și unsprezece stele pe cer s-au închinat înaintea lui și astfel a rămas neclintit în orice situație. S-a încrezut complet în Dumnezeu, a răbdat toate lucrurile și a urmat calea cea dreaptă după Cuvântul lui Dumnezeu. Credința lui a fost adevărată.

Ce ați fi făcut dacă ați fi fost în acea situație? Puteți să vă imaginați ce a simțit el timp de 13 ani, din ziua în care a fost vândut ca rob? Probabil că v-ați fi rugat așa de mult să ieșiți din acea situație. Poate că v-ați fi cercetat și v-ați fi pocăit de toate lucrurile care v-ar fi venit în minte ca să puteți primi un răspuns de la Dumnezeu. De asemenea, probabil că I-ați fi cerut har lui Dumnezeu cu multe lacrimi și cuvinte fierbinți. Dar, când nu ați fi primit răspuns timp de un an, doi sau chiar zece ani și lucrurile ar fi părut să se înrăutățească, cum v-ați fi simțit?

Iosif a fost închis în timpul celor mai prielnici ani din viața lui și, când vedea cum i se scurgeau zilele, parcă fără sens, s-ar fi putut simți deznădăjduit dacă nu ar fi avut credința pe care o avea. Dacă s-ar fi gândit prea mult la viața pe care o avusese în casa tatălui său, s-ar fi simțit și mai descurajat. Însă, Iosif s-a încrezut mereu în Dumnezeu, care veghea peste el, și a avut încredere fermă în dragostea lui Dumnezeu care dă ce este mai bun la momentul potrivit. Nu și-a pierdut nădejdea nici măcar în încercări dezarmante, ci s-a purtat cu bunătate și credincioșie, având răbdare până când visul lui a devenit realitate.

David a fost considerat de Dumnezeu un om după inima Lui. Dar, după ce a fost uns ca rege, a trebuit să treacă prin multe încercări, inclusiv faptul că a fost urmărit de regele Saul. A fost de multe ori la un pas de moarte, dar fiindcă a îndurat toate aceste dificultăți cu credință, a devenit un rege care a putut domni peste tot poporul Israel.

Iacov 1:3-4 ne spune: „ca unii care știți că încercarea credinței voastre lucrează răbdare. Dar răbdarea trebuie să-și facă desăvârșit lucrarea, ca să fiți desăvârșiți, întregi și să nu duceți lipsă de nimic." Vă îndemn să cultivați pe deplin răbdarea. Răbdarea va crește pe măsură ce credința va crește, iar inima vi se va lărgi și va deveni mai matură. Dacă ajungeți la răbdarea desăvârșită, veți experimenta binecuvântările și răspunsurile lui Dumnezeu pe care vi le-a promis (Evrei 10:36).

Răbdarea necesară intrării în Împărăția Cerurilor

Avem nevoie de răbdare pentru a intra în Împărăția Cerurilor. Unii spun că vor să se bucure de lume când sunt tineri și că vor începe să meargă la biserică când sunt mai în vârstă. Alții duc o viață de credință, plină de râvnă, în speranța revenirii Domnului, dar mai apoi își pierd răbdarea și se răzgândesc. Fiindcă Domnul nu vine pe cât de repede și-au dorit, li se pare greu să continue viața de credință cu atâta râvnă. Ei spun că vor face o pauză în procesul de tăiere împrejur a inimii lor și în lucrarea lui Dumnezeu și, când sunt siguri că văd semnele venirii Domnului, se vor implica din nou.

Însă nimeni nu știe când duhul nostru va fi chemat de Dumnzeu sau când revine Domnul. Chiar dacă putem ști acel moment dinainte, nu putem avea credință așa cum vrem. Oamenii nu pot să aibă așa, pur și simplu, credință spirituală ca să primească mântuire după cum doresc. Este dată doar prin harul lui Dumnezeu. Dușmanul diavolul și Satana se luptă și el ca oamenii să nu primească mântuire cu una cu două. Mai mult, dacă aveți credință să intrați în Noul Ierusalim când ajungeți în Cer, puteți face toate lucrurile cu răbdare.

Psalmul 126:5-6 spune: „Cei ce seamănă cu lacrimi vor secera cu cântări de veselie. Cel ce umblă plângând, când aruncă sămânța, se întoarce cu veselie când își strânge snopii". Depunem eforturi, vărsăm lacrimi și avem parte de durere când semănăm semințe și le ajutăm să crească. Uneori, ploaia de care este nevoie nu vine, sau pot să apară uragane care să strice recoltele. Însă, la final, vom avea cu siguranță bucuria unei recolte îmbelșugate, obținute conform legilor neprihănirii.

Dumnezeu așteaptă o mie de ani ca și cum ar aștepta o singură zi ca să câștige copii adevărați. El a suferit cu durere când Și-a dat singurul Fiu pentru noi. Domnul a îndurat suferința de pe cruce, iar Duhul Sfânt ne susține cu suspine negrăite în timpul cultivării umane. Sper să puteți cultiva pe deplin răbdarea spirituală și să vă amintiți de dragostea aceasta a lui Dumnezeu ca să aveți parte de roadele binecuvântării atât pe pământ cât și în Cer.

Luca 6:36

„Fiți, dar, milostivi cum și Tatăl vostru este milostiv."

Împotriva acestor lucruri nu este lege

Capitolul 6

Bunătatea

Cum să îi înțelegem și să îi iertăm pe alții prin roada bunătății
Cum să avem o inimă ca a Domnului și cum să ne purtăm ca El
Cum să ne lepădăm de orice prejudecată pentru a avea bunătate
Cum să avem compasiune față de cei aflați în dificultate
Nu scoateți în evidență defectele altora
Fiți generoși față de toți
Dați cinste oamenilor

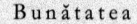

Bunătatea

Uneori, oamenii spun că nu pot înțelege un om deși au încercat, sau spun că s-au străduit să ierte pe cineva dar nu au reușit. Dar, dacă avem roada bunătății în inimă, nu vom avea lucruri pe care să nu le putem înțelege sau oameni pe care să nu îi putem ierta. Vom putea înțelege pe oricine și vom putea accepta pe toți cu dragoste. Nu vom spune că ne place de o persoană dintr un motiv și că nu ne place de altă persoană din alt motiv. Nu vom avea persoane pe care să nu le agreem sau să le urâm. Nu vom avea relații rupte, nici resentimente față de alții și nici dușmănii.

Cum îi înțelegem și îi iertăm pe alții prin roada bunătății

Bunătatea este abilitatea de a fi bun cu alții. Însă, semnificația spirituală a bunătății se aseamănă cu cea a compasiunii, iar însemnătatea spirituală a compasiunii este „să înțelegem în adevăr chiar și pe cei care nu pot fi înțeleși de oameni". Bunătatea reclamă o inimă care poate să ierte în adevăr pe cei care nu pot fi iertați de oameni. Dumnezeu Își arată compasiunea față de omenire prin inima Sa plină de milă.

Psalmul 130:3 spune: „Dacă ai păstra, Doamne, aducerea aminte a nelegiuirilor, cine ar putea sta în picioare, Doamne?" După cum este scris, dacă Dumnezeu nu ar avea compasiune și ne-ar judeca după dreptate, nimeni nu ar putea sta înaintea Lui. Însă, El i-a iertat și i-a acceptat și pe cei care nu pot fi nici iertați, nici acceptați dacă s-ar aplica dreptatea în mod strict. Mai mult, Dumnezeu a dăruit viața singurului Său Fiu pentru a mântui pe oameni de la moarte veșnică. Deoarece am devenit copii ai lui

Dumnezeu, prin credința în Domnul, Dumnezeu vrea să cultivăm o inimă plină de compasiune. Din acest motiv, Dumnezeu spune în Luca 6:36: „Fiți, dar, milostivi cum și Tatăl vostru este milostiv".

Această milă este similară cu dragostea, dar are totuși aspecte diferite. Dragostea spirituală înseamnă sacrificiul pentru alții fără a cere ceva în schimb, în timp ce mila înseamnă iertare și acceptare. Implică a accepta pe deplin o persoană și a nu lăsa loc urii sau a vreunei neînțelegeri chiar dacă acea persoană nu este demnă de a primi dragoste. Nu urâți sau evitați pe alții doar pentru faptul că au păreri diferite, dimpotrivă, îi mângâiați și încurajați. Dacă aveți o inimă caldă, care îi acceptă pe ceilalți, nu le veți da pe față păcatele sau greșelile, ci le veți acoperi și-i veți proteja ca să puteți avea o relație frumoasă cu ei.

O anumită situație a demonstrat foarte clar cum se manifestă inima plină de milă. Într-o zi, după ce Isus s-a rugat la Muntele Măslinilor toată noaptea, a mers dimineața la templu. Când s-a așezat, mulți oameni s-au strâns lângă El dar, pe când le vorbea din Cuvântul lui Dumnezeu, s-a iscat o zarvă. Niște cărturari și farisei din mulțime au adus o femeie înaintea Lui. Ea tremura de frică.

I-au spus că femeia a fost prinsă în preacurvie și L-au întrebat ce o să-i facă pentru că Legea spune că astfel de femei trebuie să fie omorâte cu pietre. Dacă Isus le-ar fi spus să o omoare cu pietre, acest lucru nu ar fi fost în concordanță cu învățătura Lui care spunea: „Iubiți-vă dușmanii". Dar, dacă le-ar fi spus să o ierte, ar fi încălca Legea. Părea că L-au pus în mare dificultate. Isus, însă, a început să scrie ceva pe pământ și a spus: „Cine dintre voi este fără păcat să arunce cel dintâi cu piatra în ea." (Ioan 8:7) Oamenii au avut mustrări de conştiinţă şi au plecat unul câte unul. În final, a rămas doar Isus cu femeia.

În Ioan 8:11 Isus i-a spus femeii: „Nici Eu nu te osândesc. Du-te, şi să nu mai păcătuieşti." Cuvintele „Nici Eu nu te osândesc" erau menite să arate că El o iertase. Isus a iertat o femeie care nu putea fi iertată şi i-a dat o nouă şansă de a renunţa la păcatele ei. Aceasta este inima plină de milă.

Cum să avem o inimă ca Domnul şi cum să ne purtăm ca El

Mila înseamnă să iertăm pe deplin şi să ne iubim duşmanii. După cum o mamă poartă de grijă noului născut, tot astfel, şi noi trebuie să îi primim şi să-i acceptăm pe toţi. Chiar dacă oamenii au mari neajunsuri sau au comis păcate grave, trebuie să le arătăm milă înainte să îi judecăm sau să îi condamnăm. Vom urî păcatul, dar nu păcătosul; vom fi înţelegători cu acel om şi îl vom ajuta să trăiască.

Să presupunem că un copil are un trup firav, care se îmbolnăveşte des. Ce simte mama vizavi de acest copil? Nu s-ar întreba de ce s-a născut astfel şi de ce îi dă atât de multă bătaie de cap. Nu l-ar urî pe copil din această cauză, ci ar avea mai multă dragoste şi compasiune faţă de el decât faţă de ceilalţi copii care sunt sănătoşi.

O mamă avea un copil retardat mintal. Când a ajuns la vârsta de douăzeci de ani, dezvoltarea sa mintală era a unui copil de doi ani astfel că mama nu-l putea scăpa din ochi. Cu toate acestea, ei nu i s-a părut niciodată greu să poarte de grijă fiului ei. A fost plină de compasiune şi compătimire în timp ce avea grijă de el. Dacă aducem o astfel de roadă a compasiunii, vom putea arăta milă nu doar pentru copiii noştri proprii, ci şi pentru toată lumea.

Isus a predicat Evanghelia Împărăţiei Cerurilor în timpul lucrării Sale publice. Audienţa Sa nu era alcătuită din oameni bogaţi şi puternici, ci din oameni săraci şi neglijaţi, sau oameni pe care ceilalţi îi considerau păcătoşi, cum au fost vameşii şi curvele.

Ucenicii lui Isus au fost aleşi după aceleaşi criterii. Poate unii se gândesc că ar fi fost înţelept ca Isus să Îşi fi ales ucenici dintre cei care cunoşteau Legea lui Dumnezeu pentru că ar fi fost mai uşor să îi înveţe Cuvântul lui Dumnezeu. Însă, Isus nu a ales pe niciunul dintre aceştia. El l-a ales pe Matei, care era un vameş, pe Petru, Andrei, Iacov şi Ioan, care erau pescari.

Isus a vindecat multe boli. Într-o zi, El a vindecat un om care fusese bolnav timp de treizeci şi opt de ani şi care aştepta să se tulbure apele de la scăldătoarea din Betesda. Omul acesta trăia în durere şi nu avea nicio speranţă de viaţă, dar nimeni nu îi dădea atenţie. Însă, Isus a venit la el şi l-a întrebat: „Vrei să te faci bine?", după care l-a vindecat.

Într-o altă circumstanţă, Isus a vindecat o femeie care avusese o scurgere de sânge de doisprezece ani. A deschis ochii lui Bartimeu, care era un cerşetor orb (Matei 9:20-22; Marcu 10:46-52). În drum spre cetatea Nain, a văzut o văduvă al cărei singur fiu murise. I s-a făcut milă de ea şi l-a înviat pe fiul ei mort (Luca 7:11-15). Pe lângă acestea, El i-a ajutat pe cei asupriţi şi s-a împrietenit cu cei trecuţi cu vederea, cum erau vameşii şi păcătoşii.

Unii oameni L-au criticat pentru că mânca împreună cu păcătoșii, spunând: „Pentru ce mănâncă Învățătorul vostru cu vameșii și cu păcătoșii?" (Matei 9:11) Însă, când i-a auzit, Isus le-a spus: „Nu cei sănătoși au trebuință de doctor, ci cei bolnavi. Duceți-vă de învățați ce înseamnă: «Milă voiesc, iar nu jertfă!» Căci n-am venit să chem la pocăință pe cei neprihăniți, ci pe cei păcătoși." (Matei 9:12-13) El ne-a învățat ce înseamnă să avem o inimă plină de compasiune și milă pentru cei păcătoși și pentru cei bolnavi.

Isus nu a venit doar pentru cei bogați și pentru cei neprihăniți, ci mai degrabă pentru cei săraci, bolnavi și păcătoși. Putem aduce roada compasiunii cu repeziciune când avem o inimă ca a lui Isus și facem fapte asemenea Lui. Haideți să ne uităm ce anume ar trebui să facem pentru a aduce roada compasiunii.

Cum să ne lepădăm de orice prejudecată pentru a avea bunătate

Oamenii lumești judecă deseori pe alții luându-se după aparențe. Atitudinea lor față de oameni se schimbă dacă îi percep ca fiind bogați și renumiți. Copiii lui Dumnezeu nu trebuie să judece oamenii după ceea ce se vede în exterior și nu trebuie să-și schimbe atitudinea doar datorită aparențelor. Trebuie să îi considerăm pe copilași sau pe cei care par inferiori mai buni decât noi, slujindu-i cu inima pe care o are și Domnul.

În Iacov 2:1-4 ni se spune: „Frații mei, să nu țineți credința Domnului nostru Isus Hristos, Domnul slavei, căutând la fața omului. Căci, de pildă, dacă intră în adunarea voastră un om cu un inel de aur și cu o haină strălucitoare, și intră și un sărac îmbrăcat prost; și voi puneți ochii pe cel ce poartă haina strălucitoare și-i ziceți: «Tu șezi în locul acesta bun!», și apoi ziceți săracului: «Tu stai acolo în picioare!» sau: «Șezi jos la picioarele mele!» Nu faceți voi oare o deosebire în voi înșivă și nu vă faceți voi judecători cu gânduri rele?"

De asemenea, în 1 Petru 1:17 citim: „Și dacă chemați ca Tată pe Cel ce judecă fără părtinire pe fiecare după faptele lui, purtați-vă cu frică în timpul pribegiei voastre".

Dacă aducem roada compasiunii, nu vom judeca sau condamna pe alții după înfățișare. Trebuie să ne analizăm întotdeauna să vedem dacă suntem părtinitori sau avem prejudicii în sens spiritual. Unii oameni înțeleg mai greu lucrurile spirituale. Alții au dizabilități în trup, așa că vorbesc sau fac unele lucruri care sunt deplasate în anumite situații. O altă categorie se poartă într-un mod în care nu-L reprezintă pe Domnul.

Când ați văzut sau interacționat cu astfel de oameni, nu v-ați simțit cumva frustrați? Nu v-ați uitat la ei de sus sau ați vrut să îi evitați într-o oarecare măsură? Ați făcut pe alții să se simtă prost prin vorbele voastre agresive sau prin atitudini nepoliticoase?

Unii oamenii vorbesc și condamnă o altă persoană ca și cum ei ar fi fost pe scaunul de judecată când persoana a păcătuit. Când au adus la Isus pe femeia care a precurvit, mulți oameni au arătat-o cu degetul, judecând-o și condamnând-o. Însă, Isus nu a condamnat-o, ci i-a dat o șansă de a fi mântuită. Dacă aveți o astfel de inimă plină de milă, atunci veți avea compasiune pentru cei ce sunt pedepsiți pentru păcatele lor și veți avea nădejde că vor ieși biruitori.

Cum să avem compasiune față de cei aflați în dificultate

Dacă suntem plini de milă, vom avea compasiune și pentru cei care trec prin dificultăți și ne vom bucura să îi putem ajuta. Nu îi vom compătimi spunând doar de pe vârful buzelor: „Fii tare și curajos!", ci îi vom ajuta efectiv.

Textul din 1 Ioan 3:17-18 spune: „Dar cine are bogățiile lumii acesteia, și vede pe fratele său în nevoie, și își închide inima față de el, cum rămâne în el dragostea de Dumnezeu? Copilașilor, să nu iubim cu vorba, nici cu limba, ci cu fapta și cu adevărul". De asemenea, în Iacov 2: 15-16 ni se spune: „Daca un frate sau o soră sunt goi și lipsiți de hrana de toate zilele, și unul dintre voi le zice: «Duceți-vă în pace, încălziți vă și săturați-vă!», fără să le dea cele trebuincioase trupului, la ce i-ar folosi?"

Nu trebuie să vă gândiți „Îmi pare rău de omul acesta pentru că nu are de mâncare, dar nu pot face nimic, abia am cât să îmi ajungă mie". Dacă într-adevăr compasiunea voastră vine dintr-o inimă plină de adevăr, veți putea să dați din ce aveți sau chiar să renunțați la porția voastră în favoarea lor. Când cineva crede că situația în care se află nu îi permite să ajute pe alții, este foarte probabil că nu-i va ajuta pe alții chiar dacă va ajunge bogat.

Aceasta nu se referă doar la lucruri materiale. Când vedeți pe cineva care suferă datorită vreunei probleme, ar trebui să încercați să îl ajutați și să îi simțiți durerea. Aceasta este compasiunea. În special, ar trebui să vă pese de cei care se îndreaptă spre iad pentru că nu cred în Domnul. Ar trebui să încercați pe cât puteți să îi aduceți pe calea mântuirii.

În Biserica Centrală Manmin, încă de la deschidere, au avut loc lucrări mărețe ale puterii lui Dumnezeu. Însă, eu continui să cer o putere mai mare și să îmi dedic întreaga viață pentru a vedea acea putere la lucru. Aceasta se datorează faptului că am suferit din cauza sărăciei și am experimentat durerea pierderii speranței din cauza bolii. Când văd oameni care suferă din cauza acestor probleme, simt durerea lor ca și cum ar fi a mea și doresc să îi ajut cât de mult pot.

Doresc să le rezolv problemele, să îi știu scăpați de pedepsele din iad și să îi conduc spre Cer. Dar, cum pot să ajut de unul singur atâția oameni? Răspunsul pe care l-am primit este următorul: prin puterea lui Dumnezeu. Chiar dacă nu le pot rezolva toate problemele datorate sărăciei, bolii și altor lucruri cu care se confruntă oamenii, totuși, pot să îi ajut să Îl întâlnească și să-L experimenteze pe Dumnezeu. De aceea, încerc să arăt puterea măreață a lui Dumnezeu, ca mai mulți oameni să-L întâlnească și să-L experimenteze.

Desigur, faptul că puterea se manifestă nu înseamnă că procesul de mântuire este complet. Chiar dacă oamenii ajung să aibă credință prin faptul că văd puterea care se manifestă, trebuie să le purtăm de grijă fizic și spiritual până când vor putea sta ferm în credință. De aceea, mi-am dat silințele ca cei nevoiași să primească ajutor chiar dacă biserica trecea prin dificultăți financiare. Am făcut astfel pentru că îmi doream ca ei să se îndrepte spre Cer cu mai multă putere. În Proverbe 19:17 ni se spune că „Cine are milă de sărac, împrumută pe Domnul, şi El îi va răsplăti binefacerea." Dacă aveţi grijă de oameni cu o inimă ca a Domnului, Dumnezeu vă va răsplăti cu binecuvântări.

Nu scoateţi în evidenţă defectele altora

Când iubim pe cineva, uneori trebuie să dăm sfaturi, alteori să îi mustrăm. Dacă părinţii nu îşi corijează copiii deloc şi îi iartă tot timpul doar pentru că îi iubesc, aceştia ajung să fie răsfăţaţi. Însă, dacă suntem plini de compasiune, nu ne va fi uşor să putem pedepsi, mustra sau scoate în evidenţă neajunsurile. Când dăm un sfat, o vom face după rugăciune şi cu dragoste în inimă pentru persoana aceea. În Proverbe 12:18 citim: „Cine vorbeşte în chip uşuratic, răneşte ca străpungerea unei săbii, dar limba înţelepţilor aduce vindecare." Pastorii şi liderii care învaţă pe credincioşi trebuie să îşi amintească aceste cuvinte.

Puteţi spune cuiva cu uşurinţă: „Ai o inimă necredincioasă care nu este pe placul lui Dumnezeu. Ai cutare şi cutare defect şi oamenii nu te iubesc dintr-un anume motiv". Chiar dacă ceea ce spuneţi e adevărat, dacă arătaţi spre neajunsurile altora cu o atitudine de neprihănire de sine sau fără dragoste, acest lucru nu dă viaţă. Ceilalţi nu se vor schimba ca rezultat al sfatului vostru, dimpotrivă, sentimentele lor vor fi rănite şi vor fi descurajaţi şi fără putere.

Uneori, unii membri din biserică îmi cer să le arăt defectele ca să se poată schimba. Ei spun că vor să îşi vadă neajusurile şi să se schimbe. Dacă încep să spun ceva, ei mă opresc ca să îmi explice situaţia, deci nu pot să le dau de fapt niciun sfat. Oricum, să dai sfaturi nu e un lucru ușor. Ei pot să primească ce spun cu mulțumire pe moment, dar dacă pierd din plinătatea Duhului, nimeni nu știe ce se va întâmpla în inima lor.

Uneori, trebuie să scot în evidență anumite lucruri ce țin de lucrarea pentru Împărăția lui Dumnezeu sau să ofer oamenilor o soluție pentru problemele lor. Le urmăresc expresia feței în timp ce mă rog în mintea mea, sperând că nu vor fi ofensați sau descurajați.

Desigur, când Isus a mustrat cărturarii și fariseii prin cuvinte dure, ei nu au primit mustrarea. Isus le dădea o șansă ca măcar unul dintre ei să asculte și să se pocăiască. De asemenea, fiindcă aceștia învățau pe oameni, Isus dorea ca oamenii să își dea seama și să nu fie înșelați de ipocrizie. În afară de astfel de cazuri speciale, nu ar trebui să spuneți lucruri care pot răni sentimentele sau care pot da pe față neajunsurile ca să nu ajungă să se poticnească. Când trebuie să dați sfaturi în situații în care este absolut necesar, trebuie să o faceți în dragoste și cu grijă pentru acel suflet, luând în considerare punctul său de vedere.

Fiți generoși față de toți

Mulți oameni pot fi generoși într-o oarecare măsură cu cei pe care îi iubesc. Chiar și cei mai zgârciți pot da împrumut sau cadouri altora dacă știu că primesc ceva în schimb. În Luca 6:32 scrie: „Dacă iubiți pe cei ce vă iubesc, ce răsplată vi se cuvine? Și păcătoșii iubesc pe cei ce-i iubesc pe ei." Putem aduce roada compasiunii când dăruim fără a aștepta nimic în schimb.

Isus a știut de la început că Iuda îl va vinde, dar l-a tratat în același fel în care i-a tratat și pe ceilalți ucenici. I-a dat multe șanse, din nou și din nou, să se pocăiască. Când era pe cruce, Isus s a rugat pentru cei care Îl răstigneau. În Luca 23:34, El spune: „Tată, iartă-i, căci nu știu ce fac!" Aceasta este compasiunea cu care putem să iertăm și pe cei care nu pot fi iertați.

În cartea Faptele Apostolilor, citim despre Ștefan care a adus o astfel de roadă a compasiunii. El nu era apostol, dar era plin de harul și de puterea lui Dumnezeu. Prin el se făceau multe semne și minuni. Cei cărora nu le plăcea acest lucru au încercat să se certe cu el dar, când le-a răspuns prin înțelepciunea lui Dumnezeu și prin Duhul Sfânt, aceștia nu i-au mai putut replica. Ni se spune că oamenii i-au văzut fața și că era ca a unui înger (Faptele Apostolilor 6:15).

Evreii aveau mustrări de conștiință în timp ce ascultau predica lui Ștefan dar, în final, l-au dus în afara cetății și l-au omorât cu pietre. Pe când se stingea din viață, încă se ruga pentru cei care aruncau cu pietre în el, spunând: „Doamne, nu le ține în seamă păcatul acesta!" (Faptele Apostolilor 7:60) Aceasta denotă că îi iertase deja. Nu avea ură împotriva lor, doar roada compasiunii pe care le-a arătat-o. Ștefan a putut să facă astfel de lucrări pentru că avea o inimă bună.

Cât de bine ați cultivat voi această inimă? Aveți încă persoane care vă displac sau cu care nu sunteți în relații bune? Ar trebui să le puteți accepta și prețui chiar dacă au caractere și opinii diferite de ale voastre. Trebuie să vă gândiți în primul rând din perspectiva celuilalt. Astfel, sentimentele de antipatie se pot schimba.

Dacă vă întrebați numai – „Oare de ce face lucrul acesta? Nu pot să îl înțeleg" – veți avea doar antipatie și sentimente negative când îl vedeți. Însă, dacă vă gândiți – „Ah, în situația lui se poate purta așa" – vă puteți schimba sentimentele neplăcute. Astfel, veți avea compasiune față de acel om care este victima circumstanțelor și vă veți ruga pentru el.

Pe măsură ce vă schimbați modul de gândire și simțămintele, puteți da la o parte ura și orice alt sentiment rău, unul câte unul. Dacă veți continua cu încăpățânare în ale voastre, nu veți putea să-i acceptați pe alții și nici nu veți putea da la o parte ura și resentimentele. Trebuie să vă lepădați de neprihănirea de sine și să vă schimbați modul de gândire și sentimentele, pentru a putea astfel accepta și sluji orice fel de persoană.

Dați cinste oamenilor

Pentru a aduce roada compasiunii, trebuie să dăm cinste oamenilor când lucrurile sunt făcute cum trebuie și trebuie să ne asumăm responsabilitatea când lucrurile nu merg bine. Când cealaltă persoană primește toată aprecierea și este lăudată, chiar dacă ați lucrat împreună, vă puteți bucura împreună cu ea ca și cum ar fi fost doar reușita proprie. Nu vă veți simți nedreptățiți gândindu-vă că ați muncit mai mult și că cealaltă persoană primește laude în pofida faptului că are multe cusururi. Veți fi mulțumitori gândindu-vă că celălalt poate avea încredere mai mare și poate munci cu mai multă sârguință după ce a fost lăudat de alții.

Dacă o mamă face ceva împreună cu copilul ei și dacă doar acesta primește laude, cum se va simți mama? Nicio mamă n-ar trebui să se plângă zicând că și-a ajutat copilul să facă un lucru bun dar ea nu a primit nicio laudă. De asemenea, o mamă se bucură să audă de la alții că este frumoasă, dar bucuria ei va fi mult mai mare când oamenii spun că fiica ei este frumoasă.

Dacă avem roada compasiunii, putem să îi considerăm pe ceilalți mai presus de noi înșine și putem să le dăm lor toate meritele. Ne vom bucura pentru ei ca și cum noi am fi cei elogiați. Compasiunea este o trăsătură a lui Dumnezeu Tatăl, care este plin de milă și dragoste. Pe lângă compasiune, fiecare roadă a Duhului Sfânt reflectă inima desăvârșită a lui Dumnezeu. Dragostea, bucuria, pacea, răbdarea și restul roadelor sunt diferite aspecte ale inimii lui Dumnezeu.

Prin urmare, pentru a aduce roadele Duhului Sfânt trebuie să ne străduim să avem inima lui Dumnezeu în noi și să fim desăvârșiți după cum și El este desăvârșit. Cu cât sunt mai coapte roadele spirituale în voi, cu atât deveniți mai plăcuți și Dumnezeu nu Își va mai putea stăpâni dragostea pentru voi. Se va bucura de voi spunând că sunteți fiii și fiicele Lui, care I se aseamănă foarte mult. Dacă deveniți copiii lui Dumnezeu plăcuți Lui, puteți primi orice veți cere în rugăciune; chiar și lucrurile din inimă pe care vi le doriți, Dumnezeu le vede și El vă va răspunde. Nădăjduiesc ca toți să puteți aduce roadele Duhului Sfânt pe deplin și să Îi fiți plăcuți în toate lucrurile pentru ca astfel să primiți binecuvântări din belșug și să vă bucurați de mare cinste în Împărăția Cerurilor ca și copii care se aseamănă lui Dumnezeu pe deplin.

Filipeni 2:5

„Să aveți în voi gândul acesta, care era și în Hristos Isus"

Împotriva acestor lucruri nu este lege

Capitolul 7

Facerea de bine

Roada facerii de bine
Cum dorește Duhul Sfânt să facem binele
Alegeți facerea de bine în toate lucrurile asemenea bunului Samaritean
Nu vă luați la ceartă și nu vă umpleți de mândrie în nicio situație
Nu frângeți o trestie ruptă și nu stingeți un fitil care fumegă
Puterea de a face binele în adevăr

Facerea de bine

Într-o seară, un tânăr îmbrăcat în haine ponosite s-a dus la un cuplu înaintat în vârstă pentru a închiria o cameră. Vârstnicilor li s-a făcut milă de tânăr și i-au închiriat o cameră. Dar acest tânăr nu se ducea la lucru ci își petrecea zilele îmbătându-se. În astfel de cazuri, cei mai mulți oameni l-ar fi alungat din casă gândindu-se că nu își va putea plăti chiria. Dar acest cuplu de bătrâni i-au dat tânărului de mâncare din când în când și l-au încurajat în timp ce îi predicau Evanghelia. Tânărul a fost atins de faptele lor pline de dragoste pentru că bătrânii îl tratau ca pe propriul lor copil. În cele din urmă, L-a acceptat pe Isus Cristos și a devenit un om nou.

Roada facerii de bine

Facerea de bine înseamnă a iubi necontenit până și pe cei neglijați sau pe cei defavorizați ai societății fără a da înapoi. Ca și în cazul cuplului de bătrâni, roada facerii de bine se naște în inimă dar se face cunoscută în acțiune.

Dacă aducem roada facerii de bine, vom răspândi aroma lui Cristos peste tot. Oamenii din jurul nostru vor fi atinși când vor ne vedea faptele bune și vor da slavă lui Dumnezeu.

„Facerea de bine" este calitatea de a fi blând, amabil, cu o inimă bună și neprihănit. În sens spiritual, însă, când inima caută facerea de bine prin Duhul Sfânt este facerea de bine adevărată. Dacă aducem pe deplin această roadă a facerii de bine, vom avea inima Domnului care este curată și neprihănită.

Uneori, chiar și necredincioșii care nu au primit Duhul Sfânt aduc această roadă a facerii de bine într-o anumită măsură. Oamenii lumești discern și își dau seama dacă un lucru este bun sau rău, în funcție de ce le dictează conștiința. Când nu au mustrări de conștiință, acești oameni cred că sunt buni și neprihăniți. Dar, conștiința diferă de la persoană la persoană.

Pentru a putea înțelege facerea de bine ca roadă a Duhului Sfânt, trebuie mai întâi să înțelegem conștiința oamenilor.

Cum dorește Duhul Sfânt să facem binele

Unii credincioși proaspăt întorși la Domnul s-ar putea să judece învățăturile primite potrivit cu cunoștința sau conștiința pe care o au, spunând: „Această afirmație contrazice teoria științifică privitoare la un anumit lucru." Dar, pe măsură ce cresc în credință și se deprind cu Cuvântul lui Dumnezeu, ajung să își dea seama că standardul lor de judecată nu este tocmai corect.

Conștiința este standardul potrivit căruia facem deosebire între bine și rău și are la bază caracterul persoanei respective. Caracterul unui om depinde de tipul de energie de viață cu care se naște și de mediul înconjurător în care crește. Acei copii care primesc energie de viață bună au caractere relativ bune. De asemenea, cei care cresc într-un mediu bun, adică aud și văd lucruri bune, au șanse mari de a dezvolta o conștiință sănătoasă. Însă, cei care se nasc cu multe firi rele provenite de la părinți și experimentează multe lucruri rele, ajung să aibă un caracter și o conștiință predispusă la rău.

De exemplu, copiii care învață să fie cinstiți vor avea mustrări de conștiință când spun o minciună. Dar copiii care cresc înconjurați de mincinoși vor crede că este firesc să mintă. Nici nu consideră că mint. Prin faptul că se gândesc că nu-i rău să mintă, conștiința lor este întinată atât de mult de rău încât nu îi mai mustră.

De asemenea, chiar dacă unii copii sunt crescuți de aceiași părinți, în același mediu, totuși, sunt afectați de lucruri în mod diferit. Unii copii ascultă de părinți, în timp ce alții sunt încăpățânați și tind să nu asculte. Deci, chiar dacă frații sunt crescuți de aceiași părinți, conștiința diferă de la unul la altul.

Conștiința se va dezvolta diferit în funcție de valorile sociale și economice ale mediului în care cresc oamenii. Fiecare societate are un sistem de valori diferit, iar standardul de azi este diferit de cel de acum 50 sau 100 de ani. De exemplu, pe vremea când existau sclavi, stăpânii acestora nu se gândeau că era greșit să îi bată și să îi forțeze să lucreze. De asemenea, doar cu 30 de ani în urmă, era de neconceput ca o femeie să fie văzută într-o transmisie televizată. După cum am menționat, conștiința diferă în funcție de individ, de loc și de epocă. Cei care cred că acționează potrivit cu conștiința, practic nu fac decât ceea ce cred ei că este bine. Dar, nu se poate spune că fac binele desăvârșit.

Dar noi, cei ce credem în Dumnezeu, avem un singur standard prin care distingem binele de rău: Cuvântul lui Dumnezeu. Acest standard este același ieri, azi și în veci. Facerea de bine spirituală presupune a avea acest adevăr drept conștiință și a umbla în conformitate cu el. Este dorința de a împlini dorințele Duhului Sfânt și de căuta să facem binele. Dar, simpla dorință de a face binele nu este aceeași cu roada facerii de bine. Putem spune că am adus roada facerii de bine doar atunci când dorința de a face binele se concretizează în fapte.

Matei 12:35 spune: „Omul bun scoate lucruri bune din vistieria inimii lui; dar omul rău scoate lucruri rele din vistieria rea a inimii lui." În Proverbe 22:11, este scris: „Cine iubește curăția inimii, și are bunăvoința pe buze, este prieten cu împăratul." Potrivit acestor versete, cei care caută din toată inima facerea de bine, vor face în mod firesc fapte bune care pot fi văzute pe dinafară. Indiferent unde merg sau pe cine întâlnesc, ei își arată generozitatea și dragostea prin cuvinte și fapte bune. După o persoană care se parfumează miroase frumos, tot astfel, cei care se deprind cu facerea de bine împrăștie mireasma lui Cristos.

Unii oameni își doresc mult să cultive o inimă care să facă binele și astfel calcă pe urmele oamenilor spirituali și vor să fie prieteni cu aceștia. Se bucură să asculte și să descopere adevărul. Au o inimă foarte sensibilă și sunt mișcați până la lacrimi. Însă nu pot ajunge să aibă o inimă care să facă binele doar prin faptul că sunt animați de o dorință adâncă. Când aud și învață ceva, trebuie să cultive acel adevăr în inimă și să îl practice în viața de zi cu zi. De exemplu, dacă vă place să fiți doar în preajma oamenilor care fac bine dar îi ocoliți pe cei care nu fac binele, se poate spune că vă doriți cu adevărat să faceți binele?

De asemenea, sunt lucruri pe care le putem învăța până și de la cei care nu fac binele neapărat. Chiar dacă nu puteți învăța lucruri de la ei personal, totuși, puteți învăța ceva din viețile lor. De la unul care este iute la mânie puteți învăța că acest comportament deseori duce la certuri și zavistii. Prin urmare, trebuie să învățați că nu este bine să aveți o fire iute. Dacă sunteți înconjurați numai de oameni care fac binele, nu veți putea învăța din lucrurile relative pe care le vedeți și le auziți. Întotdeauna sunt lucruri pe care le puteți învăța de la tot felul de oameni. S-ar putea să credeți că vă doriți din toată inima să faceți binele și să învățați multe lucruri, dar trebuie să luați aminte la voi înșivă în mod continuu ca nu cumva să duceți lipsă de faptele propriu-zise care caracterizează facerea de bine.

Alegeți să faceți binele asemenea bunului samaritean

De acum încolo ne vom uita în detaliu la ce este facerea de bine spirituală, adică acea facere de bine călăuzită de adevăr și de Duhul Sfânt. De fapt, facerea de bine spirituală este un concept foarte general. Natura lui Dumnezeu este caracterizată de facerea de bine; vedem acest lucru peste tot în Biblie. Textul din Filipeni 2:1-4 surprinde foarte bine mireasma facerii de bine:

Deci, dacă este vreo îndemnare în Cristos, dacă este vreo mângâiere în dragoste, dacă este vreo legătură a Duhului, dacă este vreo milostivire și vreo îndurare, faceți-mi bucuria deplină, și aveți o simțire, o dragoste, un suflet și un gând. Nu faceți nimic din duh de ceartă sau din slavă deșartă; ci în smerenie, fiecare să privească pe altul mai pe sus de el însuși. Fiecare din voi să se uite nu la foloasele lui, ci și la foloasele altora.

Omul care a adus roada facerii de bine spirituale caută să facă binele în Domnul și astfel sprijină și acele lucrări cu care nu este de acord neapărat. Este smerit și nu caută să se evidențieze sau să fie remarcat. Chiar dacă alții nu sunt la fel de bogați sau inteligenți, el poate totuși să îi respecte din toată inima și să le devină un prieten adevărat.

Chiar dacă alții îi creează probleme fără motiv, el îi acceptă și îi iubește. Pentru a avea pace cu toți oamenii, el îi slujește și se smerește. Își face datoria cu credincioșie și se implică și în lucrările altora. În acest sens, în Luca 10 citim pilda bunului Samaritean.

Un om a fost jefuit în timp ce călătorea pe drumul dintre Ierusalim și Ierihon. Tâlharii l-au dezbrăcat și l-au lăsat aproape mort. Un preot a trecut pe lângă el și a văzut că era pe moarte, dar nu s-a oprit ci a mers mai departe. Mai apoi un Levit l-a văzut dar și acesta și-a văzut de drum. Preoții și Leviții erau cei care cunoșteau Cuvântul lui Dumnezeu și Îl slujeau. Ei știau Legea mai bine decât oricine. De asemenea, se mândreau cu cât de bine Îl slujeau ei pe Dumnezeu.

Când a venit vorba să facă voia lui Dumnezeu, ei nu au făcut binele pe care ar fi trebuit să-l facă. Bineînțeles, ar fi putut găsi tot felul de motive pentru care nu-l putuseră ajuta. Dar, dacă ar fi avut roada facerii de bine, nu ar fi putut să ignore, așa pur și simplu, un om care avea nevoie disperată de ei.

Mai târziu, un Samaritean a trecut pe acolo și l-a văzut pe acest om jefuit. I s-a făcut milă de el și i-a legat rănile. L-a pus pe spinarea măgărușului său și l-a dus la un han unde l-a rugat pe hangiu să aibă grijă de el. A doua zi, i-a dat hangiului doi dinari și i-a promis să îi dea la întoarcere toți banii pe care acesta îi va fi cheltuit.

Dacă Samariteanul ar fi fost egoist, nu ar fi avut niciun motiv să facă ceea ce a făcut. Și el era foarte ocupat și s-ar fi putut să piardă timp și bani dacă s-ar fi implicat în viața unui străin. De asemenea, ar fi putut să acorde doar prim ajutor, fără să îi ceară hangiului să îi poarte omului de grijă și să îi promită că îi va da înapoi toți banii pe care acesta îi va fi cheltuit cu omul respectiv.

Dar, din cauză că avea roada facerii de bine, nu a putut să ignore o persoană care era pe moarte. Chiar dacă știa că îl va costa timp și bani, și chiar dacă era ocupat, nu a putut să treacă cu vederea faptul că o persoană avea nevoie disperată de el. Când nu s-a putut ocupa de om el personal, a rugat pe altul să îl ajute. Dacă acest Samaritean nu s-ar fi oprit să ajute, din motive personale, în viitor, probabil că ar fi avut o inimă împovărată.

S-ar fi întrebat continuu și s-ar fi învinovățit, gândindu-se: „Oare ce s-a întâmplat cu omul acela rănit? Ar fi trebuit să îl ajut chiar dacă asta m-ar fi costat. Dumnezeu mă vedea; cum am putut face una ca asta?" Roada facerii de bine spirituale ne face să nu putem sta deoparte, fără să alegem să umblăm pe acea cale. Chiar dacă avem un sentiment că cineva încearcă să ne înșele, vom alege facerea de bine în toate lucrurile.

Nu vă luați la ceartă și nu vă umpleți de mândrie în nicio situație

Alt text care ne învață despre facerea de bine spirituală este în Matei 12:19-20. Versetul 19 spune: „El nu Se va lua la ceartă, nici nu va striga. Și nimeni nu-I va auzi glasul pe ulițe." În continuare, versetul 20 spune: „Nu va frânge o trestie ruptă, și nici nu va stinge un fitil care fumegă, până va face să biruie judeca."

Aceste versete se referă la facerea de bine spirituală a lui Isus. În timpul lucrării sale, Isus nu a avut conflicte, nici nu s-a certat cu nimeni. Încă din copilărie, El a împlinit Cuvântul lui Dumnezeu, iar de-a lungul lucrării Sale, a făcut doar lucruri bune, predicând Evanghelia Împărăției Cerurilor și vindecând bolnavii. Cu toate acestea, cel rău L-a încercat cu multe cuvinte în încercarea de a-L omorî.

De fiecare dată, Isus a știut intențiile lor rele și nu i-a urât. Le-a arătat care era voia lui Dumnezeu, iar când aceștia nu puteau înțelege, nu S-a certat cu ei ci doar i-a ocolit. Nici când a fost luat la întrebări înainte de răstignire, nu S-a certat și nu S-a apărat.

După ce trecem de stadiul inițial în umblarea noastră de credință, ajungem să cunoaștem într-o oarecare măsură Cuvântul lui Dumnezeu. Nu am ajunge să ridicăm vocea sau să avem accese de furie pe simplu motiv că nu suntem de acord cu părerile altora. Dar, a ne certa nu înseamnă doar a ridica vocea. A avea sentimente neplăcute din cauza diferențelor de opinie este echivalent cu a ne certa din cauză că pacea din inimă dispare.

Dacă avem motiv de ceartă în inimă, cauza este una interioară. Ea nu este dată de faptul că cineva ne creează probleme sau se poartă contrar așteptărilor noastre, ci de faptul că inima noastră este nu este deschisă să îi accepte pe cei din jur. Aceasta are de-a face cu un tipar de gândire care ne face să reacționăm la multe lucruri.

O bucată de vată nu face niciun zgomot când vine în contact cu vreun obiect. Apa curată și limpede dintr-o sticlă rămâne curată și limpede și după ce sticla a fost scuturată. La fel este și cu inima omului. Dacă pacea din inimă dispare și sentimente neplăcute apar în urma unei situații anume, acest lucru se datorează faptului că încă există rău în inimă.

Ni se spune că Isus nu a strigat; atunci de ce strigă oamenii? Pentru că vor să își dea importanță și să se fălească. Își ridică vocea pentru că vor să fie apreciați de ceilalți și vor să fie slujiți de cei din jur.

Isus a făcut minuni foarte mari – a înviat morții și a deschis ochii celor orbi. Însă, a rămas smerit. Mai mult, chiar și atunci când oamenii L-au batjocorit în timp ce era răstignit pe cruce, El a împlinit voia lui Dumnezeu până la moarte pentru că nu a avut nicio intenție să se evidențieze pe Sine Însuși (Filipeni 2:5-8). De asemenea, ni se spune că nimeni nu I-a auzit glasul pe ulițe. Aceasta înseamnă că s-a purtat cu desăvârșire în toate: în modul în care a îndurat, a acționat sau a vorbit. Facerea Sa de bine, smerenia și dragostea spirituală desăvârșită din adâncul inimii au ieșit la iveală pe dinafară.

Când aducem roada facerii de bine spirituale, nu vom avea nici probleme, nici conflicte cu nimeni, asemenea Domnului. Nu vom vorbi despre păcatele sau slăbiciunile altora. Nu vom încerca să ne evidențiem sau să ne considerăm mai presus de ceilalți. Chiar dacă ar fi să suferim pe nedrept, nu ne vom plânge.

Nu frângeți o trestie ruptă și nu stingeți un fitil care fumegă

Când un copac sau o plantă are frunze sau ramuri vătămate, de obicei le tăiem. De asemenea, când un fitil fumegă, lumina sa nu este prea puternică și se produce fum așa că oamenii sting lumânarea. Dar cel care aduce roada facerii de bine spirituale „nu va frânge o trestie ruptă, și nici nu va stinge un fitil care fumegă". Dacă există o șansă cât de mică de recuperare în viața unei persoane, făcătorul de bine nu va putea să nu se implice și să încerce să deschidă o nouă cale în viața altora.

În context, „trestia ruptă" se referă la cei care sunt plin de răutatea și păcatul acestei lumi. Fitilul care fumegă îi reprezintă pe cei ale căror inimi sunt întinate de rău astfel că lumina inimii lor este pe cale să se stingă. Să nu ne așteptăm ca acești oameni care sunt ca trestiile frânte sau fitiluri care fumegă să Îl accepte pe Domnul. Chiar dacă cred în Dumnezeu, faptele lor nu se deosebesc cu nimic de cele ale oamenilor din lume. Ei vorbesc împotriva Duhului Sfânt sau se împotrivesc lui Dumnezeu. Pe vremea lui Isus, erau mulți care nu credeau în El. Chiar și după ce au văzut lucrările pline pe putere pe care Acesta le-a făcut, au continuat să se împotrivească lucrării Duhului Sfânt. Cu toate acestea, Isus a crezut în ei până la capăt și le-a dat șansa de a primi mântuirea.

Azi, chiar și în biserici, sunt mulți oameni asemenea trestiei frânte sau a fitilului care fumegă. Ei strigă – „Doamne, Doamne" – de pe vârful buzelor dar continuă să trăiască în păcat. Unii din ei se împotrivesc lui Dumnezeu de-a dreptul. Din cauza credinței lor slabe, se poticnesc când dau de ispite și încetează să mai frecventeze biserica. După ce fac lucruri pe care biserica le consideră rele, sunt atât de rușinați încât pleacă din biserică. Dacă roada facerii de bine este prezentă în viața noastră, trebuie să le întindem o mână de ajutor.

Unii oameni vor să fie iubiți și apreciați de biserică dar, când acest lucru nu se întâmplă, răul dinăuntrul lor iese la iveală. Devin invidioși pe cei care sunt iubiți de membrii bisericii și pe cei care devin oameni ai duhului, și îi vorbesc de rău. Nu se implică în nicio lucrare pe care nu au inițiat-o ei și încearcă să găsească cusururi.

Chiar și în aceste cazuri, cei ce au roada facerii de bine îi vor accepta pe acești oameni care dau frâu liber răului din ei. Ei nu încearcă să decidă cine are dreptate și cine nu, sau cine este bun și cine este rău, ca mai apoi să îi dea la o parte pe cei răi. Ei le vor atinge inima când le vor face binele dintr-o inimă plină de adevăr.

Unii oameni îmi cer să divulg numele celor care frecventează biserica din motive ascunse. Îmi spun că astfel membrii bisericii nu vor fi înșelați iar acești oameni vor putea fi împiedicați să mai vină la biserică. E-adevărat, s-ar putea să curățăm biserica de astfel de oameni divulgându-le numele, dar cât de stânjenitor ar fi un astfel de lucru pentru membrii familiei lor sau pentru cei care i-au adus la biserică? Dacă ar trebui să excludem din biserică membrii dintr-un motiv sau altul, nu ar rămâne prea mulți oameni în biserică. Una din îndatoririle bisericii este să îi schimbe pe cei răi și să îi conducă spre Împărăția Cerurilor.

Bineînțeles, unii oameni vor continua să se țină de rău și astfel vor sfârși pe calea morții chiar dacă noi le facem binele. Dar, chiar și în aceste cazuri, să nu obosim în facerea binelui și să nu îi dăm uitării. Facerea de bine spirituală ne îndeamnă să ne dăm silința până la capăt și să îi ajutăm să devină spirituali.

Grâul și neghina arată la fel, dar neghina nu are niciun grăunte înăuntru. După recoltă, țăranul va aduna grâul în hambar și va arde neghina, sau o va folosi ca îngrășământ. Tot astfel, și în biserică, găsim și grâu și neghină. Pe dinafară, toți arată a fi credincioși, dar unii sunt grâu, care ascultă de Dumnezeu, iar alții sunt neghină, care fac răul.

Dar, după cum țăranul așteaptă până la vremea recoltei, tot astfel, Dumnezeul dragostei așteaptă până la sfârșit ca cei care sunt ca neghina să se schimbe. Până când ziua de pe urmă nu a sosit, trebuie să dăm fiecăruia o șansă să fie mântuit, să îi privim cu ochii credinței și să cultivăm facerea de bine în inimă.

Puterea de a face binele în adevăr

S-ar putea să fiți nelămuriți în ce privește diferența dintre facerea de bine spirituală și alte trăsături spirituale. De exemplu, în pilda bunului samaritean, faptele acestuia pot fi considerate mărinimie și milă; iar dacă nu ne certăm sau ridicăm glasul, se poate spune că avem pace și smerenie în inimă. În acest caz, sunt toate acestea considerate trăsături ale facerii de bine spirituale?

Bineînțeles, dragostea, mărinimia, mila, pacea și smerenia, toate acestea aparțin facerii de bine. După cum am menționat mai sus, facerea de bine Îl caracterizează pe Dumnezeu și este un concept foarte larg. Dar, aspectele caracteristice ale facerii de bine spirituale sunt date de dorința de a face binele și de puterea de a-l face. Atenția nu se concentrează asupra milei sau îndurării față de alții sau asupra faptelor de întrajutorare. Atenția se focalizează asupra facerii de bine datorită căreia samariteanul, pur și simplu, nu a putut trece pe lângă cel jefuit fără a avea milă de el.

De asemenea, a nu ne certa și a nu ne mândri sunt caracteristici ale smereniei. Dar, natura spirituală a facerii de bine în aceste cazuri este dată de faptul că nu ne putem pierde pacea din inimă deoarece căutăm să facem binele spiritual. Decât să vorbim pe ton ridicat și să căutăm să ieșim în evidență, trebuie să rămânem smeriți pentru că urmărim facerea de bine spirituală.

Când sunteți credincioși, dacă aveți roada facerii de bine, veți fi credincioși nu numai într-un anumit domeniu, ci peste toată casa lui Dumnezeu. Dacă vă neglijați oricare din îndatoriri, s-ar putea să faceți pe alții să sufere din această cauză. S-ar putea ca Împărăția lui Dumnezeu să nu se împlinească după cum ar trebui. Deci, dacă aveți facerea de bine în voi, nu puteți rămâne indiferenți față de aceste lucruri. Din cauză că nu puteți să le ignorați, veți încerca să fiți credincioși în toată casa lui Dumnezeu. Acest principiul poate fi aplicat fiecărei trăsături spirituale în parte.

Cei răi nu se simt în largul lor dacă nu fac răul. Răul din inima lor îi va face să se simtă bine numai după ce comit o anumită măsură de rău. Cei care au obiceiul de a întrerupe pe alții în timp ce vorbesc, nu se pot stăpâni dacă nu taie vorba cuiva în discuții. Chiar dacă rănesc sentimentele altora sau le creează neplăceri, nu se pot liniști decât după ce fac ceea ce vor. Cu toate acestea, dacă își amintesc și încearcă să se lepede de obiceiurile rele și de atitudinile contrare Cuvântului lui Dumnezeu, vor putea să se scape de cele mai multe dintre ele. Însă, dacă nu încearcă și se dau bătuți, vor rămâne nechimbați chiar și după zece sau douăzeci de ani.

Dar, oamenii plini de roada facerii de bine sunt la cealaltă extremă: dacă nu fac binele, sunt mai supărați decât dacă ar suferi o pierdere, și se gândesc la acel lucru continuu. Deci, chiar dacă au de pierdut, ei nu doresc răul altora. Chiar dacă le este incomod, ei continuă să respecte regulile.

Putem înțelege acest lucru din spusele lui Pavel. El a avut credință să mănânce carne, dar dacă acest lucru ar fi făcut pe altul să se poticnească, a fost gata să nu mai mănânce carne pentru tot restul vieții. Tot astfel, dacă lucrurile pe care se bucură să le facă îi deranjează pe alții, oamenii plini de roada facerii de bine mai degrabă s-ar lipsi de acea plăcere și ar renunța de dragul celorlalți. Nu ar putea face niciun lucru care i-ar stânjeni pe alții și nu ar putea face niciun lucru care L-ar întrista pe Duhul Sfânt din lăuntrul lor.

Similar, dacă căutați să faceți binele în toate lucrurile, aceasta înseamnă că aduceți roada facerii de bine spirituale. Dacă aduceți roada facerii de bine spirituale, veți avea aceeași atitudine ca a Domnului și nu veți face niciun lucru care ar face chiar și pe un copilaș să se poticnească. Veți face binele și veți fi smeriți și pe dinafară. Veți fi respectați din cauză că sunteți întruchiparea Domnului, iar comportamentul și vorbirea voastră vor fi desăvârșite. Veți fi plăcuți de toți și veți răspândi mireasma lui Cristos.

Matei 5:15-16 spune: „Și oamenii n-aprind lumina ca s-o pună sub obroc, ci o pun în sfeșnic, și luminează tuturor celor din casă. Tot așa să lumineze și lumina voastră înaintea oamenilor, ca ei să vadă faptele voastre bune, și să slăvească pe Tatăl vostru, care este în ceruri." De asemenea, în 2 Corinteni 2:15 scrie: „În adevăr, noi suntem, înaintea lui Dumnezeu, o mireasmă a lui Cristos printre cei ce sunt pe cale mântuirii și printre cei se sunt pe calea pierzării." De aceea, nădăjduiesc că veți da slavă lui Dumnezeu în toate lucrurile, aducând cu repeziciune roada facerii de bine spirituale și împrăștiind mireasma lui Cristos în lume.

Numeri 12:7-8

„El este credincios în toată casa mea.

Eu îi vorbesc gură către gură,

Mă descopăr lui nu prin lucruri grele de înțeles,

Ci el vede chipul DOMNULUI."

Împotriva acestor lucruri nu este lege

Capitolul 8

Credincioşia

Credincioşia plăcută lui Dumnezeu
Faceţi mai mult decât vi se cere
Fiţi credincioşi şi plini de adevăr
Lucraţi după voia lui Dumnezeu
Fiţi credincioşi în toată casa lui Dumnezeu
Credincioşia pentru Împărăţia lui Dumnezeu şi neprihănirea Lui

Credincioșia

Un om s-a dus într-o călătorie într-o țară străină. În timp ce era plecat, cineva trebuia să aibă grijă de averea lui, așa că a încredințat slujba aceasta celor trei slujitori ai săi. A dat fiecăruia după puterea lui câte un talant, doi talanți și cinci talanți. Slujitorul care a primit cei cinci talanți i-a pus în negoț și a mai câștigat încă cinci talanți. Slujitorul care primise doi talanți a mai câștigat încă doi, însă cel care a avut doar un talant l-a îngropat în pământ și nu l-a investit.

Stăpânul a lăudat pe slujitorii care au câștigat încă doi, respectiv cinci talanți, spunându-le: „Bine, rob bun și credincios." (Matei 25:21) Însă, a mustrat pe slujitorul care a îngropat talantul și i-a spus: „Rob viclean și leneș!" (v. 26)

Tot astfel, Dumnezeu ne dă multe slujbe potrivit cu abilitățile noastre, ca să putem lucra pentru El. Doar când ne facem datoria cu sârguință pentru Împărăția lui Dumnezeu putem fi considerați robi buni și credincioși.

Credincioșia plăcută lui Dumnezeu

Conform dicționarului, cuvântului „credincioșie" se referă la calitatea de a rămâne statornic în afecțiune sau devotament, sau fidel în respectarea promisiunilor ori în ducerea la îndeplinire a îndatoririlor. Chiar și în lume, oamenii sunt apreciați dacă sunt demni de încredere.

Însă, credincioșia pe care o dorește Dumnezeu este diferită de cea a oamenilor din lume. Dacă ne ducem la îndeplinire pe deplin îndatoririle doar prin fapte, aceasta nu înseamnă că avem credincioșie spirituală. De asemenea, dacă depunem efort și dăruire într-o anume direcție, nu înseamnă că suntem credincioși pe deplin. Dacă ne îndeplinim îndatorirea de soție, de mamă sau de soț, poate fi aceasta numită credincioșie? N-am făcut nimic altceva decât ceea ce eram datori să facem.

Cei ce sunt credincioși din punct de vedere spiritual sunt niște comori în Împărăția lui Dumnezeu și răspândesc o mireasmă plăcută. Ei împrăștie mireasma unei inimi neschimbătoare, mireasma ascultării neclintite. O putem compara cu ascultarea necondiționată a unui animal de lucru și cu mireasma unei inimi credincioase. Dacă putem emana astfel de miresme, Domnul ne va spune că Îi suntem atât de plăcuți încât vrea să ne îmbrățișeze. Un exemplu bun în acest sens a fost Moise.

Copiii lui Israel fuseseră robi în Egipt mai bine de 400 de ani și Moise avea chemarea de a-i duce în țara Canaan. Moise a fost atât de iubit lui Dumnezeu încât El îi vorbea față în față. Moise a fost credincios în toată casa lui Dumnezeu și a împlinit tot ce Acesta îi poruncise să facă. Nu s a gândit la problemele pe care urma să le înfrunte. A fost mai mult decât credincios nu numai în toate domeniile legate de chemarea lui de a călăuzi pe Israel afară din Egipt, dar și față de familia lui.

Într-o zi Ietro, socrul lui Moise, a venit la el. Moise i-a povestit lucrurile minunate pe care le făcuse Dumnezeu pentru poporul Israel. A doua zi, însă, Ietro a văzut ceva ciudat. Oamenii veneau de dimineață la Moise și aduceau înaintea lui disputele pe care nu le puteau rezolva singuri. Ietro a făcut o sugestie.

În Exodul 18:21-22, Ietro spune: „Alege din tot poporul oameni destoinici, temători de Dumnezeu, oameni de încredere, vrăjmași ai lăcomiei; pune-i peste popor drept căpetenii peste o mie, căpetenii peste o sută, căpetenii peste cincizeci și căpetenii peste zece. Ei să judece poporul în tot timpul; să aducă înaintea ta toate pricinile însemnate, iar pricinile cele mai mici să le judece ei înşişi. În felul acesta îţi vei uşura sarcina, căci o vor purta şi ei împreună cu tine."

Moise i-a ascultat vorbele. Şi-a dat seama că socrul lui avea dreptate şi i-a acceptat sugestia. A ales nişte oameni de încredere, care nu erau lacomi de câştig, şi i-a pus căpetenii peste o mie, peste o sută, peste cincizeci şi peste zece. Ei judecau poporul în lucrurile mai mărunte din viaţa de zi cu zi, iar Moise judeca doar lucrurile mai însemnate.

Un om poate aduce roada credincioşiei când îşi îndeplineşte îndatoririle cu o inimă bună. Moise a fost credincios celor din familia lui şi a slujit oamenii din popor. A investit timp şi efort, prin urmare, a fost considerat un om credincios în toată casa lui Dumnezeu. În Numeri 12:7-8 citim: „Nu tot aşa este însă cu robul Meu Moise. El este credincios în toată casa Mea. Eu îi vorbesc gură către gură, Mă descopăr lui nu prin lucruri grele de înţeles, ci el vede chipul Domnului."

Ce fel de om este cel care aduce roada credincioşiei plăcută lui Dumnezeu?

Faceţi mai mult decât vi se cere

Când lucrătorii sunt plătiţi pentru munca lor, nu spunem că sunt credincioşi când îşi duc la îndeplinire îndatoririle. Putem spune că şi-au făcut slujba pentru care sunt plătiţi, dar nu putem spune că sunt credicioşi. Însă, printre lucrătorii plătiţi sunt câţiva care fac mai mult decât li se cere. Nu şovăiesc, nici nu se gândesc că trebuie să facă minimum pentru care cât sunt plătiţi. Îşi fac slujba din toată inima, cu tot sufletul şi mintea, investind timp şi bani pentru că acţionează potrivit cu dorinţa inimii.

Unii din lucrătorii cu normă întreagă din biserică fac mai mult decât li se cere. Ei lucrează după program sau de sărbători, iar când nu lucrează, se gândesc constant la lucrarea lor pentru Dumnezeu. Se gândesc la modalităţi de a sluji mai bine biserica şi membrii ei şi fac mai mult decât slujba care le-a fost încredinţată. Mai mult, preiau responsabilitatea liderilor de grupuri de casă şi poartă de grijă sufletelor. Aceasta este credincioşie: când facem mai mult decât ni s-a încredinţat.

În ce priveşte responsabilitatea, cei care aduc roada credincioşiei vor face mai mult decât ce li se cere. De exemplu, Moise şi a pus viaţa în joc când s-a rugat pentru copiii lui Israel care păcătuiseră. Putem vedea acest lucru când îi citim rugăciunea în Exodul 32:31-32: „Ah! poporul acesta a făcut un păcat foarte mare! Şi-au făcut un dumnezeu de aur. Iartă-le acum păcatul! Dacă nu, atunci şterge-mă din cartea pe care ai scris-o!"

Când Moise îşi îndeplinea misiunea, nu îşi arăta ascultarea făcând doar ceea ce îi poruncise Dumnezeu să facă. El nu se gândea astfel: „Am făcut ce ţine de mine în a le spune care este voia lui Dumnezeu pentru ei, dar ei nu au primit-o. Nu îi mai pot ajuta." El a avut inima lui Dumnezeu şi a călăuzit oamenii cu toată puterea şi dragostea. De aceea, când oamenii au păcătuit, el a simţit cu ei ca şi cum ar fi fost vina lui şi a vrut să îşi asume responsabilitatea.

La fel a fost şi în cazul lui Pavel. Astfel, în Romani 9:3, el spune: „Căci aproape să doresc să fiu eu însumi anatema, despărțit de Hristos, pentru frații mei, rudele mele trupești." Faptul că vedem credincioșia pe care au arătat-o Pavel și Moise nu înseamnă că și noi am cultivat credincioșia.

Chiar și cei care au credință și își duc la îndeplinire cu bine misiunea ar răspunde altfel decât Moise dacă ar fi în aceeași situație. Poate ar spune ceva de genul: „Doamne, am făcut ce mi-a stat în putință. Mi-e milă de oameni, dar am suferit mult încercând să îi călăuzesc." Ceea ce spun ei, de fapt, este: „Sunt încrezător fiindcă am făcut tot ce trebuia să fac." Alții se îngrijorează că vor fi mustrați împreună cu ceilalți pentru păcatele acestora, chiar dacă ei personal nu sunt vinovați. Inima acestor oameni este departe de credincioșie.

Desigur, nu oricine se poate ruga: „Te rog să le ierți păcatele sau șterge-mă din cartea vieții." Dar, dacă aducem roada credincioșiei în inimă, nu putem spune că nu suntem responsabili pentru lucrurile care nu merg cum trebuie. Înainte să ne gândim că am făcut tot ce ține de noi, ar trebui să vedem ce inimă am avut încă de la început, de când ni s-a încredințat sarcina.

De asemenea, ne vom gândi în primul rând la dragostea și mila pe care o are Dumnezeu pentru suflete și la faptul că El nu dorește ca ele să piară chiar dacă spune că le va pedepsi pentru păcate. Ce fel de rugăciuni vom înălța către Dumnezeu? Poate vom spune din adâncul inimii: „Doamne, este vina mea. Eu nu i-am călăuzit cum trebuie. Mai dă-le o șansă pentru că te rog eu".

Este la fel în toate celelalte aspecte. Cei care sunt credincioși nu vor spune „Am făcut destul", ci vor lucra cu dăruire, din toată inima. În 2 Corinteni 12:15, Pavel spune: „Și eu voi cheltui prea bucuros din ale mele şi mă voi cheltui în totul şi pe mine însumi pentru sufletele voastre. Dacă vă iubesc mai mult, sunt iubit cu atât mai puţin?"

Cu alte cuvinte, Pavel nu a avut grijă de suflete din obligaţie şi nu a făcut-o superficial. Făcea lucrarea cu mare bucurie, de aceea a spus că se va dărui pentru alte suflete.

S-a sacrificat pe sine, din nou şi din nou, cu devotament pentru ceilalţi. Asemenea lui Pavel, putem spune că avem credincioşie adevărată doar dacă ne facem lucrarea cu bucurie şi dragoste mare.

Fiţi credincioşi şi plini de adevăr

Să presupunem că cineva s-a alăturat şi şi-a dedicat viaţa şefului unei bande de răufăcători. Ar spune Dumnezeu despre el că este credincios? Desigur că nu! Dumnezeu consideră credincioşie doar când suntem credincioşi în lucruri pline de bunătate şi de adevăr.

Creştinii, care duc o viaţă de credinţă dedicată, vor primi din ce în ce mai multe responsabilităţi în lucrarea Domnului. În unele cazuri, vor încerca să se implice în lucrare cu râvnă, dar ajung să renunţe la un moment dat. Pot fi preocupaţi foarte mult cu dezvoltarea lucrării pe care o planifică. Îşi pot pierde râvna pentru lucrare din cauza greutăţilor vieţii sau din cauză că vor să evite persecuţiile din partea altora. De ce îşi pierd astfel zelul? Îşi pierd zelul pentru că şi-au neglijat credincioşia spirituală în timp ce s-au implicat în lucrarea pentru Împărăţia lui Dumnezeu.

Credincioşia spirituală înseamnă tăierea împrejur a inimii. Înseamnă să ne spălăm haina inimii în mod constant. Înseamnă să ne lepădăm de tot felul de păcate, neadevăruri, nelegiuire şi întuneric şi să ne sfinţim. Apocalipsa 2:10 spune: „Fii credincios până la moarte, şi-ţi voi da cununa vieţii." În acest verset, a fi credincios până la moarte nu înseamnă doar să lucrăm cu dăruire şi credincioşie până la moartea fizică, ci şi să aplicăm Cuvântul lui Dumnezeu din Bible pe deplin în vieţile noastre.

Pentru a ajunge la credincioşia spirituală, trebuie să ne împotrivim până la sânge în lupta împotriva păcatului şi trebuie să ţinem poruncile lui Dumnezeu. Prioritatea numărul unu este să ne lepădăm de rău, de păcat şi de neadevărurile pe care Dumnezeu le urăşte foarte mult. Dacă numai lucrăm din greu fizic, dar nu ne tăiem împrejur inima, nu putem spune că avem credincioşie spirituală. După cum zice Pavel – „În fiecare zi eu sunt în primejdie de moarte" – trebuie să ne răstignim firea pământească şi să ne sfinţim. Aceasta este credincioşia spirituală.

Lucrul pe care Dumnezeu Tatăl îl doreşte cel mai mult de la noi este sfinţirea. Trebuie să înţelegem acest lucru şi să ne dăm silinţele să ne tăiem împrejur inimile. Desigur, nu înseamnă că nu ne putem implica în nicio lucrare înainte să fim sfinţiţi pe deplin. Dimpotrivă, în orice lucrare pe care o facem, trebuie să ajungem la sfinţire în timp ce facem lucrarea.

Cei care îşi taie împrejur inima continuu, nu vor şovăi în credincioşia pe care o arată. Nu vor renunţa la lucrare pentru că dau de dificultăţi în viaţa de zi cu zi sau pentru că au frământări în inimile lor. Misiunea pe care ne-o dă Dumnezeu este o promisiune făcută între El şi noi şi nu trebuie să ne încălcăm promisiunile faţă de Dumnezeu în pofida dificultăţilor.

Pe de altă parte, ce se întâmplă dacă neglijăm să ne tăiem împrejur inima? Nu vom putea să ne păzim inima când trecem prin probleme şi dificultăţi. Putem ajunge să nu mai avem încredere în Dumnezeu şi să renunţăm la lucrare. Apoi, dacă primim din nou harul lui Dumnezeu, vom lucra cu râvnă o vreme și ciclul se repetă. Cei care oscilează în acest fel nu pot fi considerați credincioși chiar dacă își fac lucrarea cum trebuie.

Credincioșia plăcută lui Dumnezeu implică și credincioșie spirituală, ceea ce înseamnă că trebuie să ne tăiem împrejur inima. Însă, tăierea împrejur a inimii nu este o răsplată în sine. Tăierea împrejur este un lucru imperios necesar pentru copiii lui Dumnezeu care sunt mântuiți. Dacă ne lepădăm de păcate și ne implicăm în lucrare cu o inimă sfințită, putem aduce mult mai multe roade decât dacă facem lucrarea cu o gândire lumească. Prin urmare, vom primi o răsplată mai mare.

De exemplu, să presupunem că lucrați din greu până transpirați în timpul voluntariatului în biserică duminica. Însă, ajungeți să vă certați cu mulți oameni și rupeți niște relații. Dacă slujiți în biserică în timp ce sunteți nemulțumiți și aveți resentimente, veți pierde o mare parte din răsplată. Când slujiți biserica cu o inimă plină de bunătate și dragoste, și sunteți în relații bune cu ceilalți, lucrarea voastră va fi o mireasmă plăcută lui Dumnezeu și faptele voastre vor deveni răsplata voastră.

Lucrați după voia lui Dumnezeu

În biserică, trebuie să lucrăm după inima și voia lui Dumnezeu. De asemenea, trebuie să ascultăm cu credincioșie de lideri potrivit cu poziția pe care aceștia o au în biserică. În Proverbe 25:13 citim următoarele: „Ca răcoarea zăpezii pe vremea secerișului, așa este un sol credincios pentru cel ce-l trimite: el înviorează sufletul stăpânului său."

Chiar dacă suntem plini de râvnă în lucrare, nu putem împlini dorința stăpânului dacă facem doar ce vrem. De exemplu, să presupunem că șeful vostru de la locul de muncă vă spune să rămâneți la birou pentru că urmează să vină un client important. Însă, voi aveți de rezolvat în oraș probleme de serviciu iar acest lucru vă ia toată ziua. Chiar dacă nu sunteți la birou din cauză că aveți de rezolvat probleme de serviciu, în ochii șefului nu sunteți credincioși.

Nu facem voia stăpânului din cauză că ori facem după cum credem noi că este mai bine, ori avem motivații egoiste. O astfel de persoană pare că își slujește stăpânul dar, în realitate, nu o face cu credincioșie. Își urmează doar dorințele și ideile proprii și dovedește că poate ieși din voia stăpânului oricând.

În Biblie, citim despre un om pe nume Ioab, o rudă de-a lui David și un general în armata lui. Ioab a rămas lângă David în toate necazurile când acesta era urmărit de Saul. A avut înțelepciune și a fost curajos. A administrat lucrurile după cum dorea David. Când i-a atacat pe amoniți și le-a luat cetatea, deși a fost cel care a cucerit-o, l-a lăsat pe David să o acapareze. Nu și-a asumat gloria de a fi cucerit cetatea, ci i-a lăsat-o lui David.

L-a slujit pe David foarte bine în acest sens, dar David se simțea neîncrezător în privința lui pentru că nu l-a ascultat când lucrurile au fost în folosul lui. Ioab s-a purtat cu impertinență cu David când a vrut să-și atingă scopul.

De exemplu, generalul Abner, care era dușmanul lui David, a venit la acesta și s-a predat. David l-a primit la el, dar l-a lăsat să plece înapoi pentru că putea să liniștească mai bine oamenii după ce îl primise. Însă, când Ioab a aflat despre aceasta, s-a luat pe urmele lui Abner și l-a omorât. A făcut-o din răzbunare fiindcă

Abner îi omorâse fratele într-o bătălie anterioară. A știut că aceasta îl va pune pe David într-o poziție dificilă, dar și-a urmat simțămintele.

De asemenea, când fiul lui David, Absalom, s-a răsculat împotriva tatălui său, David a cerut soldaților care se duceau să lupte cu oamenii lui Absalom să se poarte cu bunătate față de Absalom. Deși a auzit cerința lui David, Ioab l-a omorât pe Absalom. Poate s-a gândit că dacă l-ar fi lăsat să trăiască s-ar fi răsculat din nou, dar oricum, Ioab nu a ascultat de porunca împăratului, ci a făcut cum a considerat el.

Chiar dacă a înfruntat situații grele alături de împărat, Ioab l-a neascultat în momente cheie astfel că David nu se putea încrede în el. În final, Ioab s-a ridicat împotriva împăratului Solomon, fiul lui David, și a fost omorât. Și în această situație, în loc să împlinească dorința lui David, a dorit să pună ca împărat pe cel pe care el îl credea mai potrivit. L-a slujit pe David toată viața, dar în loc să devină un slujitor vrednic, a sfârșit ca un răzvrătit.

Când suntem implicați în lucrarea lui Dumnezeu, este mai important să facem voia Domnului decât să fim animați de zel. Nu ne este de niciun folos să fim credincioși dacă acționăm împotriva voii lui Dumnezeu. În lucrarea din biserică, trebuie să facem ce ne cer liderii înainte de ceea ce credem noi că este mai bine. În acest fel, dușmanul diavolul și Satana nu ne pot învinovăți de nimic și, în final, Îi vom putea da slavă lui Dumnezeu.

Fiți credincioși în toată casa lui Dumnezeu

A fi credincioși în toată casa lui Dumnezeu înseamnă a fi credincioși în toate aspectele care țin de noi. În biserică, trebuie să ne îndeplinim toate responsabilitățile chiar dacă sunt multe la număr. Dacă nu aveți vreo răspundere anume în biserică, aveți responsabilitatea să mergeți oriunde este necesară prezența membrilor.

Oamenii au responsabilități nu doar în biserică, ci și la locul de muncă și la școală. În toate aceste situații, trebuie să ne îndeplinim responsabilitățile de membri. A fi credincioși în toată casa lui Dumnezeu înseamnă a ne îndeplini toate responsabilitățile în toate domeniile din viețile noastre: ca și copii ai lui Dumnezeu, ca lideri sau membri în biserică și în familie, ca angajați la companie sau ca elevi, studenți sau profesori la școală. Trebuie să fim credincioși în toate domeniile, nu numai într-unul sau altul, neglijându-le pe celelalte.

Poate vă gândiți „Sunt doar un singur om, cum pot să fiu credincios în toate"? Pe măsură ce suntem transformați prin Duhul Sfânt, ne va fi tot mai ușor să fim credincioși în toată casa lui Dumnezeu. Chiar dacă trebuie să investim puțin timp, vom culege roade bogate dacă semănăm în duhul.

De asemenea, cei care au fost transformați prin Duhul Sfânt nu își caută folosul și confortul propriu, ci se gândesc la folosul altora. Ei privesc lucrurile mai întâi din punctul de vedere al celorlalți. Prin urmare, astfel de oameni își vor îndeplini toate responsabilitățile chiar dacă trebuie să se sacrifice. În plus, pe măsură ce ajungem la un nivel mai înalt în Duhul, inima noastră va fi umplută de bunătate. Dacă suntem buni, nu vom împlini doar unele responsabilități. Chiar dacă acestea sunt multe, niciuna nu va fi neglijată.

Vom face tot ce depinde de noi să avem grijă de lucrurile care ne înconjoară și vom încerca mai mult să îi ajutăm pe ceilalți.

Atunci, oamenii din jur vor vedea credincioşia din inimile noastre. Prin urmare, nu vor fi dezamăgiţi că nu putem sta cu ei tot timpul, ci vor fi mai degrabă mulţumitori că ne pasă de ei.

De exemplu, o persoană este implicată în două lucrări, conduce un grup şi este doar o membră în altul. Dacă are bunătate şi aduce roada credincioşiei, ea nu va neglija niciuna dintre aceste responsabilităţi. Nu va spune: „Membrii celuilalt grup vor înţelege dacă nu mă întâlnesc cu ei din moment ce conduc alt grup." Dacă nu poate fi prezentă fizic cu cei din grupul în care este membră, va încerca să ofere ajutor în alt fel şi îi va purta în inimă. Tot astfel, măsura în care avem bunătate este măsura în care putem fi credincioşi în toată casa lui Dumnezeu şi putem trăi în pace cu toţi.

Credincioşia pentru Împărăţia lui Dumnezeu şi neprihănirea Lui

Iosif a fost vândut ca rob în casa lui Potifar, căpetenia străjerilor împăratului. Iosif a fost atât de loial şi de încredere încât Potifar a lăsat pe mâna acestui rob tânăr toate treburile casei, fără să se îngrijoreze de nimic. Iosif a câştigat încrederea lui Potifar pentru că fusese credincios în lucrurile mici şi a lucrat cu multă dăruire, având inima stăpânului.

Este nevoie de mulţi lucrători credincioşi precum Iosif în multe domenii din Împărăţia lui Dumnezeu. Dacă aveţi o anume responsabilitate şi o faceţi cu atât de multă credincioşie încât liderul nu trebuie să vă mai verifice, ce ajutor de nădejde sunteţi pentru Împărăţia lui Dumnezeu!

În Luca 16:10 scrie: „Cine este credincios în cele mai mici

lucruri este credincios și în cele mari; și cine este nedrept în cele mai mici lucruri este nedrept și în cele mari." Deși a slujit unui stăpân pământean, Iosif a lucrat cu credincioșie, având credință în Dumnezeu. El l-a răsplătit și l-a pus Prim Ministru al Egiptului.

Nu am luat niciodată lucrarea lui Dumnezeu ca pe un lucru de apucat. Înainte de deschiderea unei biserici, am avut nopți de veghe în rugăciune, iar după deschidere, m-am rugat de la miezul nopții până la 4 dimineața și apoi am condus întâlniri de rugăciune la ora 5 dimineața. La acea vreme, nu aveam întâlnirile de rugăciune Daniel pe care le avem acum, care încep la ora 9 seara. Nu aveam alți pastori sau lideri de grupuri, astfel că a trebuit să conduc toate întâlnirile de rugăciune de unul singur. Însă, nu am lipsit nicio zi.

Mai mult, a trebuit să pregătesc predicile pentru serviciile de duminică și de miercuri, și pentru nopțile de veghe de vinerea, în timp ce studiam la seminarul teologic. Niciodată nu mi-am delegat responsabilitățile doar pentru că eram obosit. După ce m-am întors de la seminar, am avut grijă de oameni bolnavi sau m-am dus în vizită la membrii din biserică. Erau atât de mulți oameni bolnavi veniți din toată țara. De câte ori mergeam în vizită la membrii din biserică, îi slujeam spiritual din toată inima.

În acea perioadă, unii din studenți trebuiau să schimbe autobuzul de două sau de trei ori pentru a veni la biserică. Acum avem autobuze la biserică dar, în acea vreme, nu aveam. De aceea, am vrut ca studenții să poată veni la biserică fără să se îngrijoreze de costul biletelor de autobuz. După serviciul de închinare, i-am condus pe studenți la stația de autobuz și le-am dat tichete sau bilete. Le-am dat suficiente bilete ca să poată veni și data viitoare la biserică. La colecta bisericii, se strângeau doar câteva zeci de dolari și acest lucru nu putea fi încă finanțat de biserică, prin urmare, le dădeam bani pentru călătoria cu autobuzul din economiile personale.

Când se înscriau persoane noi, le consideram ca pe o comoară, astfel că mă rugam pentru fiecare cu dragoste, ca să nu pierd pe niciunul. Din acest motiv, la acea vreme, nicio persoană înregistrată la biserică nu a plecat. Prin urmare, biserica a continuat să crească. Acum, când biserica are mai mulți membri, înseamnă oare că nu mai sunt la fel de credincios? Desigur că nu! Râvna mea pentru suflete nu s-a răcit niciodată.

Acum avem mai mult de 10.000 de filiale ale bisericii în toată lumea și mulți pastori, diaconi, diaconițe și lideri de cartiere, sub-cartiere și de grupuri mici. Însă, dragostea mea și rugăciunile pentru suflete s-au înmulțit cu trecerea timpului.

S-a răcit credincioșia voastră înaintea lui Dumnezeu? Aveți printre voi oameni care erau implicați în lucrările lui Dumnezeu, dar acum nu mai sunt? În cazul în care sunteți implicați în aceeași lucrare de mai multă vreme, se poate spune că râvna voastră s-a răcit? Dacă avem credință adevărată, credincioșia noastră va crește numai pe măsură ce ne maturizăm în credință și suntem credincioși Domnului cu scopul de a lărgi Împărăția lui Dumnezeu și de a mântui multe suflete. Prin urmare, vom primi multe răsplăți minunate în Cer!

Dacă Dumnezeu ar fi dorit doar credincioșie în fapte, nu ar fi creat omenirea, pentru că sunt nenumărate oștiri cerești și îngeri care ascultă pe deplin. Însă, Dumnezeu nu a vrut doar ființe care să asculte necondiționat, precum roboții. El a dorit copii credincioși Lui, care au o dragoste ce izvorăște din adâncul inimii lor.

Psalmul 101:6 spune: „Voi avea ochii îndreptați asupra credincioșilor din țară, ca să locuiască lângă mine; cel ce umblă pe o cale fără prihană, acela îmi va sluji." Cei care s-au lepădat de toate felurile de păcat și au fost credincioși în toată casa lui Dumnezeu vor primi binecuvântarea de a intra în Noul Ierusalim, cel mai frumos locaș ceresc. Prin urmare, sper că veți deveni lucrători de bază în Împărăția lui Dumnezeu și că vă veți bucura de onoarea de a sta mai aproape de scaunul de domnie al lui Dumnezeu.

Matei 11:29

„Luați jugul Meu asupra voastră și învățați de la Mine,

căci Eu sunt blând și smerit cu inima;

și veți găsi odihnă pentru sufletele voastre."

Împotriva acestor lucruri nu este lege

Capitolul 9

Blândețea

Blândețea care acceptă mulți oameni
Blândețea spirituală însoțită de generozitate
Caracteristicile celor care au adus roada blândeții
A aduce roada blândeții
Cultivați un teren bun
Binecuvântări pentru cei blânzi

Blândețea

În mod surprinzător, oamenii se îngrijorează cu privire la firea lor iute, la depresie sau la personalitatea lor, dacă sunt prea extrovertiți sau prea introvertiți. Unii oameni pun totul pe seama felului lor de a fi când lucrurile nu merg după cum ar fi vrut, spunând: „Nu am ce-i face, așa sunt eu". Însă, Dumnezeu este Cel care a creat oamenii, prin urmare nu Îi este greu să schimbe personalitatea acestora prin puterea Sa.

Datorită temperamentului său, Moise a omorât odată un om, dar a fost schimbat prin puterea lui Dumnezeu în așa măsură încât a fost considerat de Dumnezeu ca fiind cel mai smerit și blând om de pe fața pământului. Apostolul Ioan a fost poreclit „fiul tunetului", dar a fost transformat prin puterea lui Dumnezeu și apoi a fost considerat ca „apostolul iubirii".

Dacă sunt dispuși să se lepede de rău și să își curețe terenul inimii, chiar și oamenii care se aprind repede de mânie, cei lăudăroși și cei egoiști pot fi schimbați și pot cultiva caracteristicile blândeții.

Blândețea care acceptă mulți oameni

În dicționar, blândețea este calitatea de a fi blând, blajin, tandru sau domol. Cei care au un caracter timid sau sunt „sfioși nesociabili", sau cei care nu se pot exprima foarte bine par a fi blânzi. Oamenii naivi sau cei care nu se mânie deloc pentru că nu au un nivel intelectual ridicat pot să pară blânzi în ochii oamenilor.

Însă, blândețea spirituală nu înseamnă doar a fi blând și tandru. Înseamnă a avea înțelepciunea și abilitatea de a discerne dintre bine și rău și, în același timp, a-i putea înțelege și accepta pe toți, pentru că cei blânzi nu au răutate în ei. Blândețea spirituală înseamnă a avea generozitate pe lângă un caracter blajin şi tandru. Dacă aveţi această generozitate virtuoasă, nu veţi fi doar plini de blândeţe tot timpul, dar veţi avea şi demnitate când este necesar.

Inima unei persoane blânde este moale ca bumbacul. Dacă aruncaţi o piatră peste o bucată de bumbac sau o împungeţi cu un ac, bumbacul va acoperi şi va îmbrăţişa acel obiect. Tot astfel, indiferent cum îi tratează alţi oameni, cei care sunt blânzi din punct de vedere spiritual nu au resentimente în inimă faţă de aceştia. Ei nu se mânie, nu se tulbură şi nu creează neplăceri altora.

Ei nu judecă, nici nu condamnă, ci sunt înţelegători şi primitori. Oamenii se simt mângâiaţi în prezenţa acestora şi mulţi pot veni să îşi găsească odihna sufletească lângă ei. Sunt ca un copac cu multe ramuri în care păsările pot veni să îşi facă cuibul şi să se odihnească.

Moise este un om recunoscut de Dumnezeu pentru blândeţea lui. În Numeri 12:3 citim: „Moise însă era un om foarte blând, mai blând decât orice om de pe faţa pământului". La vremea Exodului, numărul copiilor lui Israel a fost mai mare de 600.000 de bărbaţi. Dacă includem femeile şi copiii, numărul s-ar fi ridicat la mai bine de două milioane. Este o sarcină enormă pentru un om obişnuit să conducă un număr atât de mare de oameni.

A fost cu atât mai greu cu cât aceşti oameni aveau inimi împietrite fiindcă fuseseră robi în Egipt. Dacă primiţi bătaie tot timpul, auziţi cuvinte necuviincioase şi abuzive şi sunteţi obligaţi să faceţi muncă de sclavi, inima vostră va deveni dură şi împietrită. În situaţii ca acestea, oamenilor nu le este uşor să primească har în inimă sau să-L iubească pe Dumnezeu din tot sufletul. Din această cauză, aceşti oameni L-au neascultat pe Dumnezeu de fiecare dată deşi Moise făcea lucrări cu mare putere.

De câte ori întâmpinau dificultăți, începeau să se plângă și se ridicau împotriva lui Moise. Dacă ne gândim că Moise i-a condus timp de 40 de ani în pustie, ne putem da seama cât era de blând din punct de vedere spiritual. Moise avea o blândețe spirituală care este una dintre roadele Duhului Sfânt.

Blândețea spirituală însoțită de generozitate

Poate este vreunul din voi care își zice în sine: „Nu mă mânii și cred că sunt mai blând decât alții, dar nu primesc răspunsuri la rugăciuni. Nu pot auzi nici vocea Duhului Sfânt prea bine". În acest caz, ar trebui să vă analizați să vedeți dacă nu cumva blândețea voastră este una firească. Oamenii pot spune că sunteți blânzi dacă păreți blajini și calmi, dar aceasta este doar o blândețe firească.

Dumnezeu dorește blândețe spirituală care, pe lângă a fi blând și blajin, necesită și o generozitate virtuoasă. Pe lângă blândețea din inimă, generozitatea virtuoasă trebuie să fie vizibilă pe dinafară pentru a cultiva astfel pe deplin blândețea spirituală. Este similar cu o persoană cu un caracter excelent care poartă un costum care se asortează caracterului. Dacă persoana are un caracter bun, însă se plimbă fără haine, goliciunea ei îi va aduce rușine. Tot astfel, blândețea fără generozitate virtuoasă nu este completă.

Generozitatea virtuoasă este ca un set de haine care face să strălucească blândețea, dar este diferită de faptele făcute din legalism sau din ipocrizie. Dacă nu aveți o inimă sfințită, nu se poate spune că aveți generozitate virtuoasă doar pentru că faceți fapte bune. În cazul în care sunteți preocupați să faceți fapte bune în loc să vă cultivați inima, este foarte probabil că nu vă veți mai da seama de neajunsurile pe care le aveți și veți crede în mod eronat că v-ați maturizat spiritual în mare măsură.

Însă, chiar și în lume, oamenii care au o înfățișare atrăgătoare dar nu au o personalitate frumoasă, nu vor câștiga inimile altora. Tot așa este și cu credința: dacă ne concentrăm asupra faptelor care se văd în exterior, fără să cultivăm frumusețea interioară, aceasta nu ne va ajuta la nimic.

De exemplu, unii oameni se poartă cuviincios, dar judecă și se uită de sus la alți oameni care nu se poartă ca ei. Își mențin standardele proprii când interacționează cu alții și se gândesc: „Aceasta este calea calea cea bună, de ce nu o aleg și ei?" Chiar dacă spun vorbe frumoase când dau sfaturi, în inima lor poartă condamnare, iar vorbele lor izvorăsc din neprihănire de sine și răutate. Oamenii nu își pot odihni sufletele în prezența acestora pentru că vor fi răniți și descurajați, de aceea nu vor să rămână în apropierea lor.

Unii oameni se mânie și devin iritați datorită neprihănirii de sine și a răutății lor. Însă, ei spun că au o „indignare justificată" care este spre folosul altora. Însă, cei care au o generozitate virtuoasă nu-și pierd liniștea sufletească în nicio situație.

Dacă doriți cu adevărat să aduceți roadele Duhului Sfânt pe deplin, nu puteți doar să vă ascundeți răul din inimă cu aparențe. Dacă faceți acest lucru, jucați doar teatru în fața altora. Trebuie să vă cercetați din nou și din nou în toate lucrurile și trebuie să alegeți calea bunătății.

Caracteristicile celor care au adus roada blândeții

Când oamenii îi văd pe cei blânzi, care au inimi generoase, spun că inimile acestor oameni sunt ca un ocean. Acesta acceptă toate apele poluate din pâraie și râuri și le purifică. Dacă cultivăm o inimă largă și domoală asemenea unui ocean, putem conduce sufletele pătate de păcat pe calea mântuirii.

Dacă suntem generoși pe dinafară și blânzi pe dinăuntru, putem câștiga inimile multor oameni și putem realiza lucruri mari. Haideți să vă dau niște exemple de caracteristici pe care le au cei ce aduc roada blândeții.

În primul rând, sunt echilibrați și se poartă cu demnitate

Cei care par a avea un temperament domol, dar sunt de fapt persoane nehotărâte, nu pot accepta pe alții. Ei vor fi priviți de sus și ceilalți vor profita de pe urma lor. În istorie, unii regi au avut un caracter blând dar nu generozitate virtuoasă, iar țara nu s-a bucurat de stabilitate. În retrospectivă, oamenii i-au considerat pe astfel de regi nu ca oameni blânzi, ci ca persoane incapabile și nehotărâte.

Pe de altă parte, alți regi au avut caractere plăcute și blânde, însoțite de înțelepciune și de demnitate. Sub conducerea acestor împărați, țara era stabilă și oamenii se bucurau de pace. Tot astfel, cei care au atât blândețe cât și o generozitate virtuoasă acționează după un standard de judecată corect. Ei fac ce este drept prin faptul că pot discerne binele de rău.

Când a curățat Templul și a mustrat ipocrizia cărturarilor și a fariseilor, Isus a fost foarte ferm și dur. El avea o inimă blândă care „nu va frânge o trestie ruptă și nici nu va stinge un fitil care fumegă", dar a mustrat cu tărie oamenii când a fost necesar. Dacă aveți o asemenea demnitate și neprihănire în inimă, oamenii nu vor putea să vă privească de sus chiar dacă nu ridicați vocea niciodată și nu încercați să fiți ferm.

Ce se vede în exterior este legat și de cât de mult ne purtăm asemenea Domnului și cât de neprihănite sunt faptele noastre. Oamenii virtuoși au demnitate, autoritate și rostesc cuvinte pline de însemnătate. Ei nu spun cu ușurință lucruri fără sens. Se îmbracă potrivit cu fiecare ocazie. Expresia feței lor emană căldură, nu duritate sau răceală.

De exemplu, să presupunem că cineva are un aspect neîngrijit și o ținută nedemnă. Pe lângă asta, îi place să glumească și să vorbească despre lucruri neînsemnate. Probabil este foarte greu pentru această persoană să câștige încrederea și respectul altora. Alți oameni nu vor vrea să o accepte sau să o primească.

Dacă Isus ar fi glumit tot timpul, ucenicii Lui ar fi încercat să glumească cu El. Prin urmare, dacă Isus i-ar fi învățat ceva mai dificil, ei ar fi început să discute în contradictoriu și să insiste pe părerile lor. Dar ei nu au îndrăznit așa ceva. Chiar și cei care au venit la El să pornească o ceartă, nu au putut să schimbe cuvinte aspre cu El pentru că emana atâta demnitate. Cuvintele lui Isus au avut întotdeauna greutate și demnitate, prin urmare oamenii Îl luau în serios.

Desigur, uneori, cei din ierarhia superioară pot glumi cu cei din subordine pentru a destinde atmosfera. Însă, dacă cei din subordine se țin de glume și nu se poartă ca lumea, înseamnă că nu au o înțelegere corectă. În cazul în care liderii nu au o ținută morală și o înfățișare adecvată, nu pot câștiga nici ei încrederea celorlalți. În special, cei cu funcții înalte dintr-o companie trebuie să aibă o bună ținută morală și un mod de vorbi și de a se comporta adecvat.

Un șef dintr-o organizație poate folosi un limbaj cuviincios și se poate purta respectuos față de cei din subordine, dar uneori, dacă cineva din subordine îi arată un respect excesiv, șeful poate vorbi mai lejer pentru a-l face pe angajat să se simtă mai confortabil. În această situație, faptul că șeful nu e extrem de politicos îl poate face pe angajat să se simtă mai relaxat și acesta își va putea deschide inima mai ușor. Însă, cei din subordine nu trebuie să își privească de sus șefii, să se certe cu ei sau să fie neascultători față de ei dacă aceștia încearcă să îi facă să se simtă mai relaxați.

Romani 15:2 spune: „Fiecare din noi să placă aproapelui, în ce este bine, în vederea zidirii altora", iar în Filipeni 4:8 citim: „Încolo, frații mei, tot ce este adevărat, tot ce este vrednic de cinste, tot ce este drept, tot ce este curat, tot ce este vrednic de iubit, tot ce este vrednic de primit, orice faptă bună și orice laudă, aceea să vă însuflețească." Tot astfel, cei care sunt virtuoși și generoși vor face totul cu integritate și vor avea grijă să îi facă pe oamenii din jur să se simtă relaxați.

Apoi, cei blânzi arată milă și compasiune celorlalți cu o inimă mare

Îi ajută nu doar pe cei care au nevoi financiare, ci și pe cei care sunt slabi și obosiți din punct de vedere spiritual prin faptul că le oferă har. Însă, deși au blândețe, dacă aceasta este doar în inima lor, este greu să emane mireasma lui Cristos.

De exemplu, să presupunem că o credincioasă suferă pentru că este persecutată din cauza credinței. Unii lideri din biserica de care aparține află acest lucru și au compasiune și se roagă pentru ea. Acești lideri simt compasiune doar în inimile lor. Pe de altă parte, alți lideri o încurajează personal, o mângâie și o ajută efectiv în funcție de situația ei. O întăresc și o ajută să iasă învingătoare prin credință.

Prin urmare, pentru persoana care trece prin probleme, ajutorul arătat prin fapte va conta mai mult decât faptul că cineva doar se gândește la ea. Când bunătatea se manifestă prin fapte generoase, ea aduce har și viață altora. Așadar, când Biblia ne spune că „cei blânzi vor moșteni pământul" (Matei 5:5), ce se are în vedere este credincioșia care se manifestă ca rezultat al generozității virtuoase. A moșteni pământul se referă la răsplata cerească. De obicei, a primi o răsplată cerească are de a face cu a fi credincios. Când primiți din partea bisericii o plăcuță de apreciere, o răsplată sau un premiu pentru evanghelizare, acestea rezultă din credincioșia voastră.

Tot astfel, cei blânzi vor primi binecuvântări, dar nu doar pentru că au o inima blândă. Când blândețea din inimă se manifestă prin fapte generoase și virtuoase, aceștia vor aduce roada credincioșiei. Apoi, vor primi o răsplată ca rezultat. Cu alte cuvinte, când vă deschideți inima și acceptați multe suflete cu generozitate, când le mângâiați, le încurajați și le dați viață, prin aceste fapte, veți moșteni o bucată de teren în Cer.

A aduce roada blândeții

Cum putem aduce roada blândeții? În principiu, trebuie să ne cultivăm terenul inimii ca acesta să devină un pământ bun.

El le-a vorbit despre multe lucruri în pilde şi le-a zis: „Iată, semănătorul a ieşit să semene. Pe când semăna el, o parte din sămânţă a căzut lângă drum, şi au venit păsările şi au mâncat-o. O altă parte a căzut pe locuri stâncoase, unde n-avea pământ mult: a răsărit îndată, pentru că n-a găsit un pământ adânc. Dar, când a răsărit soarele, s-a pălit; şi, pentru că n-avea rădăcini, s-a uscat. O altă parte a căzut între spini: spinii au crescut şi au înecat-o. O altă parte a căzut în pământ bun şi a dat rod: un grăunte a dat o sută, altul, şaizeci, şi altul, treizeci" Matei 13:3-8).

În Matei capitolul 13, inima noastră este asemănată cu patru feluri de teren. Acestea pot fi împărţite în teren de pe marginea drumului, teren stâncos, teren cu spini şi teren bun.

Pământul inimii, asemănat cu terenul de pe marginea drumului, trebuie să fie curăţat de neprihănire de sine şi de moduri de gândire egoiste

Terenul de pe marginea drumului este călcat în picioare de oameni şi este bătătorit astfel încât nu se pot semăna seminţe în el. Acestea nu pot prinde rădăcină şi sunt mâncate de păsări. Oamenii cu o asemenea inimă au o minte încăpăţânată. Ei nu îşi deschid inima să primească adevărul aşa că nici nu Îl pot întâlni pe Dumnezeu, nici nu pot avea credinţă.

Cunoştinţele şi sistemul lor de valori devin atât de înrădăcinate încât aceşti oameni nu pot accepta Cuvântul lui Dumnezeu. Ei cred cu tărie că au dreptate. Pentru a fi curăţaţi de neprihănire de sine şi de sistemul lor de gândire, trebuie să îndepărteze în primul rând răul din inima lor. Este greu să fie curăţat cineva de neprihănire de sine şi de propriile idei dacă nu renunţă la mândrie, aroganță, încăpățânare și neadevăruri. Astfel de rele determină persoana să aibă gânduri firești și o ține departe de credința în Cuvântul lui Dumnezeu.

De exemplu, celor care au acumulat neadevăruri în mintea lor le este greu să nu se îndoiască chiar dacă ceilalți oameni spun adevărul. Romani 8:7 spune: „Fiindcă umblarea după lucrurile firii pământești este vrăjmășie împotriva lui Dumnezeu, căci ea nu se supune Legii lui Dumnezeu și nici nu poate să se supună." După cum scrie în acest verset, ei nu pot spune „Amin" la Cuvântul lui Dumnezeu și nici nu-L pot împlini.

Unii oameni sunt foarte încăpățânați la început, dar odată ce primesc har și își schimbă modul de gândire, devin plini de râvnă în credința lor. Acesta este cazul oamenilor care au o minte împietrită pe dinafară, dar o inimă duioasă și blândă pe dinăuntru. Însă, oamenii care au un teren al inimii ca și cel de pe marginea drumului sunt diferiți decât aceștia pentru că au și inimile împietrite. O inimă care este împietrită pe dinafară dar sensibilă pe dinăuntru poate fi asemănată cu o pojghiță de gheață, în timp ce terenul de pe marginea drumului poate fi asemănat cu un iaz complet înghețat.

Datorită faptului că inima dură ca terenul de pe marginea drumului este împietrită în urma neadevărurilor și a răului acumulate pe o perioadă lungă de timp, nu este ușor să fie înmuiată în scurt timp. Ori de câte ori Cuvântul lui Dumnezeu contrazice felul acestor oameni de gândire, este important ca ei să-și pună întrebări cu privire la modul lor de gândire ca să vadă dacă este cu adevărat corect. De asemenea, ei trebuie să facă cât mai multe fapte bune pentru a primi har de la Dumnezeu.

Uneori, unii oameni îmi cer să mă rog pentru ei, ca să aibă

credință. Desigur, este destul de rău că nu pot avea credință nici după ce văd puterea lui Dumnezeu și aud Cuvântul lui Dumnezeu mult timp, dar este totuși mai bine decât dacă nu ar încerca deloc. În cazul celor cu o inimă dură ca terenul de pe marginea drumului, membrii familiei lor și liderii bisericii trebuie să se roage pentru ei și să-i călăuzească, dar este important ca și ei să depună eforturi. Apoi, la un moment dat, sămânța Cuvântului va începe să încolțească în inimile lor.

Inima asemănată cu terenul stâncos trebuie să se lepede de dragostea pentru lume

Dacă semănați pe un teren stâncos, semințele vor încolți, dar nu vor putea crește din cauza pietrelor. În același fel, cei care au inimi precum terenul stâncos cad când dau de încercări, persecuții sau ispite.

Când primesc harul lui Dumnezeu, simt că vor să trăiască după Cuvântul lui Dumnezeu. Pot experimenta chiar lucrări pline de putere ale Duhului Sfânt datorită Cuvântului care a fost sădit în inimile lor și care a început să dea rod. Cu toate acestea, deși experimentează acest har, au gânduri de îndoială când urmează să meargă la biserică duminica următoare. L-au experimentat pe Duhul Sfânt cu siguranță, dar încep să se îndoiască, gândindu-se că a fost un moment de emoție. Au gânduri de îndoială și își închid ușa inimii din nou.

Pentru alții, conflictul apare datorită faptului că nu se pot lăsa de hobby-urile lor sau de alte lucruri pe care le folosesc pentru amuzament și nu țin ziua Domnului. Dacă sunt persecutați de membrii familiei sau de șefii de la serviciu în timp ce duc o viață de credință caracterizată de plinătatea Duhului, ajung să nu mai vină la biserică. Primesc har din plin și par să ducă o viață de credință plină de râvnă dar, dacă au probleme cu alți credincioși din biserică, se pot supăra și pot părăsi biserica.

Care este așadar motivul pentru care sămânța Cuvântului nu prinde rădăcină? Ei bine, nu prinde rădăcină din cauza „pietrelor" care se află în inimă. Partea firească a inimii, reprezentată simbolic prin pietre, este mulțimea de neadevăruri care îi fac pe oameni să nu împlinească Cuvântul. Dintre multele neadevăruri, acestea sunt foarte bătătorite și nu lasă semințele Cuvântului să prindă rădăcină. Mai precis, este firea din inimă care iubește lumea.

Dacă acestor oameni le place vreo formă de distracție lumească, le este greu să împlinească Cuvântul care spune: „Ține ziua de odihnă ca s-o sfințești." De asemenea, cei care au piatra lăcomiei în inima lor, nu vin la biserică pentru că nu le place să dea zeciuială sau bani la colectă pentru Dumnezeu. Unii oameni au piatra urii în inimile lor, iar Cuvântul dragostei nu poate prinde rădăcină.

Printre cei care vin la biserică regulat, sunt unii care au o inimă ca acest teren stâncos. De exemplu, chiar dacă s-au născut și au crescut în familii creștine și au învățat Cuvântul lui Dumnezeu din copilărie, totuși, nu trăiesc după Cuvânt. Ei L-au experimentat pe Duhul Sfânt și au primit și har, dar nu au renunțat la dragostea pentru lume. În timp ce ascultă Cuvântul, se gândesc că ar trebui să trăiască altfel decât trăiesc acum dar, după ce ajung acasă, umblă din nou după felul lumii. Își trăiesc viața cu un picior în lume și cu unul în Împărăția lui Dumnezeu. Datorită faptului că au auzit Cuvântul, nu-L părăsesc pe Dumnezeu, dar au încă multe pietre în inimile lor care înăbușă Cuvântul, împiedicându-l să prindă rădăcină.

De asemenea, unele terenuri stâncoase sunt, de fapt, doar parțial stâncoase. De exemplu, unii oameni sunt credincioși fără să își schimbe modul de gândire măcar că aduc ceva roade. Însă, au ură în inimă și intră în conflict cu alții vizavi de orice probleme. De asemenea, judecă și condamnă, prin urmare sădesc zânzanie peste tot. Din acest motiv, nici după mulți ani nu aduc roada dragostei sau roada smereniei. Alți oameni au inimi blânde și bune. Sunt atenți și înțelegători cu cei din jur, dar nu sunt credincioși. Nu își țin promisiunile și sunt iresponsabili în multe privințe. Prin urmare, trebuie să își îndrepte neajunsurile și să are terenul inimii pentru a-l face un teren bun.

Ce trebuie să facem pentru a ara terenul stâncos?

În primul rând, trebuie să împlinim Cuvântul cu sârguință. Un credincios anume încearcă să își facă lucrarea împlinind Cuvântul care ne spune să fim credincioși. Însă, nu este atât de ușor pe cât a crezut la început.

Pe vremea când era doar un membru al bisericii, fără vreun titlu sau vreo poziție, ceilalți membrii l-au slujit. Însă, în această poziție trebuie să slujească el pe alții. Poate că încearcă din greu, dar ies la iveală sentimente negative când ajunge să lucreze cu o persoană care nu este de acord cu abordarea lui. În această situație, vede că aceste sentimentele negative, cum ar fi resentimentele sau firea iute, i se manifestă în inimă. Treptat, pierde plinătatea Duhului și chiar vrea să renunțe la lucrarea sa.

Aceste sentimente sunt pietrele pe care trebuie să le scoată din terenul inimii sale. Ele provin dintr-o piatră mai mare care se numește „ură". Când acest om încearcă să împlinească Cuvântul care spune „fii credincios", se lovește de o stâncă numită „ură".

Când o descoperă, trebuie să o apuce cu tărie şi să o scoată afară. Doar atunci poate împlini Cuvântul care ne spune să iubim şi să avem pace. De asemenea, trebuie să nu renunţe doar pentru că este dificil, ci trebuie să se ţină de lucrare cu mai mare tărie şi să o facă cu mai multă dăruire. În acest fel, el poate deveni un lucrător care are blândeţe.

În al doilea rând, trebuie să ne rugăm cu stăruinţă în timp ce punem în aplicare Cuvântul lui Dumnezeu. Când cade ploaia pe câmp, acesta devine moale şi umed. Este un moment propice pentru a scoate pietrele. Tot astfel, când ne rugăm, vom fi umpluţi cu Duhul Sfânt şi inimile noastre se vor înmuia. Când suntem umpluţi cu Duhul Sfânt prin rugăciune, nu trebuie să ratăm această ocazie. Trebuie să îndepărtăm cât de repede pietrele. Mai precis, trebuie să punem imediat în practică lucruri pe care înainte nu le-am putut împlini. Pe măsură ce facem acest lucru din nou şi din nou, chiar şi pietrele care au pătruns adânc pot fi clintite şi scoase din pământul inimii. Când primim harul şi puterea pe care ne a dat-o Dumnezeu de sus şi primim plinătatea Duhului Sfânt, putem să ne lepădăm de păcatele şi de răul de care nu ne-am putut lepăda înainte prin puterea voinţei noastre.

Terenul spinos nu aduce roadă datorită îngrijorărilor din această lume şi a înşelăciunii bogăţiilor

Dacă semănăm seminţe pe teren plin de spini, ele pot răsări şi creşte dar nu pot aduce roadă din cauza spinilor. Tot astfel, cei care au o inimă cu un teren spinos cred şi încearcă să trăiască după Cuvântul lui Dumnezeu, dar nu Îl pot pune în practică pe deplin.

Aceasta se datorează îngrijorărilor acestei lumi și a înșelăciunii bogățiilor, care sunt lăcomia după bani, faimă și putere. Din acest motiv, ei trec prin necazuri și încercări.

Astfel de oameni, deși frecventează biserica, sunt tot timpul îngrijorați de lucrurile de zi cu zi, cum ar fi treburile casei, afacerea lor sau lucrurile de la serviciu din ziua următoare. Ar trebui să primească mângâiere și o nouă tărie în timp ce participă la serviciul din biserică, însă ei au îngrijorări și preocupări crescânde. Apoi, deși petrec la biserică multe duminici la rând, nu pot gusta bucuria adevărată și pacea care vin din ținerea zilei de odihnă. Dacă vor încearca să sfințească duminica cu adevărat, sufletele lor vor prospera și vor primi binecuvântări spirituale și materiale. Însă, ei nu pot primi astfel de binecuvântări. Prin urmare, pentru a avea un teren bun al inimii, ei trebuie să scoată spinii și să pună în aplicare corect Cuvântul lui Dumnezeu.

Cum putem ara un teren cu spini?

Trebuie să scoatem spinii din rădăcină. Spinii simbolizează gândurile firești. Rădăcinile lor reprezintă răul și lucrurile firești ale inimii. Prin urmare, răul și caracteristicile firești ale inimii sunt izvorul gândurilor firești. Dacă se taie doar ramurile de pe tufișurile spinoase, acestea vor crește din nou. Tot astfel, deși ne hotărâm să nu mai avem gânduri firești, totuși, nu putem să le oprim atâta timp cât avem rău în inima noastră. Prin urmare, trebuie să smulgem din rădăcină tot ce este firesc din inimă.

Dintre numeroasele rădăcini de acolo, dacă le smulgem pe cele numite lăcomie și aroganță, putem să ne lepădăm, într o mare măsură, de ceea ce este firesc în inimă. Lăcomia pentru lucrurile firești ne determină să fim legați de lume și să ne îngrijorăm de lucruri lumeşti. Chiar dacă spunem că trăim după Cuvântul lui Dumnezeu, totuşi, ne gândim mereu la ce ne este nouă de folos şi acţionăm după cum ne place nouă. De asemenea, dacă suntem aroganţi nu putem fi complet ascultători. Ne bazăm pe înţelepciunea firească şi pe gândirea lumească deoarece credem că suntem în stare să facem un lucru. Prin urmare, trebuie să smulgem mai întâi rădăcinile de lăcomie şi aroganţă.

Cultivaţi un teren bun

Dacă seminţele sunt plantate într-un pământ bun, ele răsar şi aduc roadă de 30, 60 şi de 100 de ori mai mult. Oamenii a căror inimă are un astfel de teren nu au o neprihănire de sine şi un mod de gândire ca şi cei a căror inimă se aseamănă cu terenul de pe marginea drumului. Nu au nici pietre, nici spini, prin urmare împlinesc Cuvântul lui Dumnezeu cu „Da" şi „Amin". În acest fel, pot aduce multă roadă.

Desigur, dacă nu uităm cu atenţie este greu de făcut distincţii clare între terenul de pe marginea drumului, terenul stâncos, terenul cu spini şi terenul roditor al inimilor oamenilor pentru ca unele terenuri pot avea într-o oarecare măsură caracteristici ale altor terenuri. O inimă cu un teren ca cel de pe marginea drumului poate avea şi pietre. În procesul de creştere, chiar şi terenul bun poate aduna nişte neadevăruri, care sunt ca nişte pietre. Însă, indiferent de ce fel de teren are inima, îl putem face bun dacă îl arăm cu râvnă. Astfel, cel mai important lucru este râvna cu care arăm terenul inimii şi nu felul de teren.

Chiar şi un teren arid, foarte uscat, poate fi cultivat într-un teren bun dacă fermierul îl ară cu sârguinţă. Tot astfel, terenul inimii oamenilor poate fi schimbat prin puterea lui Dumnezeu.

Până şi inimile dure ca terenul de pe marginea drumului pot fi arate cu ajutorul Duhului Sfânt.

Desigur, faptul că primim Duhul Sfânt nu va face ca inimile noastre să se schimbe automat. Trebuie să ne facem şi noi partea noastră, adică să ne rugăm cu stăruinţă, să gândim potrivit cu adevărul în toate lucrurile şi să umblăm în adevăr. Este important să nu renunţăm după câteva săptămâni sau după câteva luni, ci să perseverăm.

Dumnezeu se uită la strădania noastră şi ne dă harul Său, şi putere şi ajutor de la Duhul Sfânt. Dacă suntem conştienţi de ceea ce trebuie să schimbăm şi facem această schimbare prin harul şi puterea lui Dumnezeu şi cu ajutorul Duhului Sfânt, cu siguranţă vom fi diferiţi după un an. Vom spune cuvinte potrivite cu adevărul, iar gândurile noastre se vor transforma în gânduri bune care vin din adevăr.

Măsura în care vom ara terenul inimii noastre pentru a deveni pământ bun este măsura în care vom aduce şi alte roade ale Duhului Sfânt. În special, blândeţea este strâns legată de cultivarea terenului inimii noastre. Însă, nu putem avea blândeţe decât dacă smulgem diferite neadevăruri cum ar fi mânia, ura, invidia, lăcomia, certurile, lăudăroşenia şi neprihănirea de sine. Altfel, celelalte suflete nu pot găsi linişte în prezenţa noastră.

Din acest motiv, blândeţea este legată mai direct de sfinţenie decât de celelalte roade ale Duhului Sfânt. Dacă cultivăm blândeţea spirituală, vom putea primi repede orice cerem în rugăciune asemenea terenului bun care produce roade. De asemenea, vom putea auzi vocea Duhului Sfânt cu claritate şi astfel vom putea fi călăuziţi pe căi care duc la bunăstare în toate lucrurile.

Binecuvântări pentru cei blânzi

Nu este uşor de condus o companie care are sute de angajaţi. Chiar dacă aţi fost ales ca lider al unui grup, nu este uşor să conduceţi tot grupul. Pentru a putea uni atât de mulţi oameni şi a-i conduce, liderul trebuie să câştige inimile oamenilor prin blândeţe spirituală.

Desigur, oamenii îi urmează pe cei care au putere sau pe cei bogaţi care par să îi ajute pe cei nevoiaşi din lumea aceasta. Un proverb Coreean spune: „Când moare câinele unui ministru vine un alai de bocitori, dar când moare ministrul, niciun bocitor nu se arată." După cum spune proverbul, putem vedea dacă o persoană a fost într-adevăr generoasă când îşi pierde influenţa şi avuţia. Oamenii urmează persoanele bogate şi cu faimă, dar este greu de găsit pe cineva care să-i rămână fidel până la sfârşit unui om faimos care şi-a pierdut toată puterea şi bogăţia.

Însă, omul virtuos şi generos este urmat de mulţi oameni chiar dacă îşi pierde bogăţia şi influenţa, iar oamenii continuă să-i stea alături nu pentru câştiguri materiale ci pentru că îşi pot odihni sufletele în prezenţa lui.

Chiar şi în biserică, unii lideri spun că este greu pentru că nu pot să accepte şi să se bucure nici măcar de cei câţiva membri ai grupului de casă. Dacă vor să aibă o trezire spirituală în grupul lor, trebuie să cultive o inimă blândă şi moale ca bumbacul. Atunci, membrii îşi vor găsi liniştea sufletească lângă liderii lor şi se vor bucura de pace şi fericire astfel că trezirea va urma de la sine. Pastorii şi lucrătorii din biserică trebuie să fie foarte blânzi şi capabili să accepte multe suflete.

Cei blânzi primesc multe binecuvântări. În Matei 5:5 citim

următoarele: „Ferice de cei blânzi, căci ei vor moșteni pământul!" După cum am menționat anterior, a moșteni pământul nu înseamnă a primi pământ în această lume, ci a primi pământ în Cer, în măsura în care am cultivat blândețe spirituală în inimă. Vom primi o casă suficient de mare în Cer pentru a invita acolo orice suflet care și-a găsit liniștea sufletească în prezența noastră.

Faptul că vom primi o casă atât de mare în Cer înseamnă că vom avea și o poziție foarte onorabilă. În cazul în care am fi avut o asemenea proprietate aici pe pământ, nu am fi putut să o ducem cu noi în Cer. Însă, pământul pe care îl primim în Cer, ca rezultat al faptului că am cultivat o inimă blândă, va fi moștenirea noastră care nu va dispărea niciodată. Ne vom bucura de o fericire veșnică în locașul ceresc împreună cu Domnul și cu cei dragi ai noștri.

Prin urmare, sper să vă arați terenul inimilor voastre pentru a aduce roada blândeții și a primi ca moștenire, asemenea lui Moise, o bucată mare de teren în Împărăția Cerurilor.

1 Corinteni 9:25

„Toți cei ce se luptă la jocurile de obște se supun la tot felul de înfrânări. Și ei fac lucrul acesta ca să capete o cunună care se poate veșteji: noi să facem lucrul acesta pentru o cunună care nu se poate veșteji."

Împotriva acestor lucruri nu este lege

Capitolul 10

Înfrânarea poftelor

Înfrânarea poftelor este necesară în toate aspectele vieții
Înfrânarea poftelor - trăsătură caracteristică copiilor lui Dumnezeu
Înfrânarea poftelor desăvârșește roada Duhului Sfânt
Dovezi ale prezenței roadei înfrânării poftelor
Dorința de a aduce roada înfrânării poftelor

Înfrânarea poftelor

Un maraton este o cursă de 42,195 km (26 de mile și 385 yarzi). Alergătorii trebuie să își calculeze bine viteza de alergare pentru a ajunge la capătul cursei. Nu este o alergare pe distanță scurtă, deci este vital să nu alerge cu viteză maximă la întâmplare. Trebuie să mențină o viteză constantă pe parcursul întregii curse și, când ajung la un anume moment din alergare, trebuie alerge cu toată puterea spre final.

Același principiu se aplică și vieților noastre. Trebuie să fim credincioși în mod constant până la sfârșit în alergarea credinței ca să câștigăm bătălia împotriva noastră înșine. Mai mult, cei care doresc să primească în Împărăția Cerurilor cununi pline de slavă trebuie să exercite înfrânarea poftelor în toate lucrurile.

Înfrânarea poftelor este necesară în toate aspectele vieții

În lumea din jurul nostru, vedem că cei care nu își înfrânează poftele își complică viața și își creează tot felul de probleme. De exemplu, dacă părinții arată fiului prea multă dragoste din cauză că este singurul copil, se prea poate ca acel copil să devină răsfățat. De asemenea, cu toate că știu că trebuie să se îngrijească de familiile lor, cei care de dedau la jocuri de noroc sau se lasă în voia altor pofte, își duc familiile de râpă din cauză că nu se pot înfrâna. Ei spun: „Aceasta-i ultima dată când mai fac așa ceva." Dar, acea „ultimă dată" se repetă din nou și din nou.

În cunoscuta lucrare literară chinezească Afecțiunea dintre trei împărății, Zhang Fei este plin de afecțiune și curaj pe de-o parte, iar pe de alta este iute la mânie și agresiv. Liu Bei și Guan Yu, care îi jură frăție, sunt mereu îngrijorați că acesta ar putea face greșeli în orice clipă. Zhang Fei este sfătuit pe îndelete, dar numai nu reușește să își schimbe caracterul. În cele din urmă, iuțimea la mânie îi creează probleme. Îi bate și îi pedepsește pe cei care nu se ridică la nivelul așteptărilor lui. Doi bărbați care s-au simțit pedepsiți pe nedrept l-au urât și au ajuns să îl ucidă înainte ca ei să se predea taberei dușmanului.

Tot astfel, cei care nu se stăpânesc, îi rănesc sufletește pe mulți oameni din familie și de la locul de muncă. Este ușor să creeze animozitate între ei și cei din jurul lor și astfel nu vor putea să aibă parte de vieți prospere. Dar cei înțelepți, își asumă reponsabilitatea și sunt îngăduitori chiar și în situațiile care stârnesc mânie. Chiar dacă alții fac greșeli mari, aceștia se stăpânesc și înmoaie inimile celorlalți cu cuvinte de mângâiere. Astfel fapte pline de înțelepciune câștigă inimile multor oameni și contribuie la bunăstarea persoanei care le face.

Înfrânarea poftelor - trăsătură caracteristică copiilor lui Dumnezeu

În principal, noi, ca și copii ai lui Dumnezeu, ar trebui să ne înfrânăm poftele pentru a ne putea lepăda de păcate. Cu cât ne înfrânăm mai puțin, cu atât mai greu ne va fi să ne lepădăm de păcate. Când luăm aminte la Cuvântul lui Dumnezeu și primim harul Lui, ne hotărâm să ne schimbăm chiar dacă încă vom mai putea fi ispitiți de lume.

Putem vedea acest lucru din cuvintele pe care le rostim. Mulți oameni se roagă ca buzele lor să fie făcute sfinte și desăvârșite. Dar în viețile lor de zi cu zi, uită pentru ce s-au rugat și își dau frâu liber gurii, vorbind ca odinioară. Când văd că se întâmplă un lucru pe care nu-l înțeleg și care este contrar așteptărilor sau credinței lor, unii oameni se îmbufnează și se văicăresc.

Nu se pot stăpâni când se aprind de mânie chiar dacă ulterior le pare rău. De asemenea, unor oameni le place atât de mult să vorbească încât nu se pot opri odată ce s-au pornit. Nu știu care cuvinte sunt pline de adevăr și care nu, sau care lucruri pot fi spuse și care nu, deci fac multe greșeli.

Putem înțelege cât de importantă este înfrânarea poftelor când o aplicăm la vorbire.

Înfrânarea poftelor desăvârșește roada Duhului Sfânt

Înfrânarea poftelor, una din roadele Duhului Sfânt, nu se referă doar la a ne înfrâna pentru a nu păcătui. Înfrânarea poftelor ca roadă a Duhului Sfânt influențează celelalte roade ale Duhului Sfânt astfel încât acestea să devină desăvârșite. Din acest motiv, prima roadă a Duhului este dragostea, iar ultima este înfrânarea poftelor. Înfrânarea poftelor este o roadă mai puțin evidentă decât celelalte, dar este foarte importantă. Ea controlează totul pentru ca astfel să existe stabilitate, organizare și eficiență. Este menționată la sfârșitul listei roadelor Duhului Sfânt deoarece toate celelalte roade pot fi făcute desăvârșite prin înfrânarea poftelor.

De exemplu, chiar dacă aducem roada bucuriei, nu putem să ne exprimăm bucuria oriunde și oricând. Când alții sunt îndurerați la o înmormântare, dacă aveți un zâmbet larg pe față, ce ar crede ceilalți despre voi? Nu vor spune nicidecum că sunteți plini de har pentru faptul că ați adus roada bucuriei. Chiar dacă bucuria de a primi mântuirea este atât de mare, trebuie să o controlăm în funcție de fiecare situație. Astfel bucuria devine cu adevărat o roadă a Duhului Sfânt.

Este foarte important să ne înfrânăm poftele când suntem lucrători credincioși lui Dumnezeu. Dacă aveți multe îndatoriri, trebuie să alocați timp suficient pentru a putea fi unde trebuie la momentul cel mai oportun. Chiar dacă o anumită întânire este foarte productivă, trebuie să o terminați la timpul stabilit. Tot astfel, pentru a fi credincios peste toată casa lui Dumnezeu trebuie să aducem roada înfrânării poftelor.

Același lucru este adevărat pentru toate celelalte roade ale Duhului Sfânt: dragostea, mila, bunătatea, etc. Când roadele care se nasc în inimă se materializează în faptele noastre, trebuie să ne lăsăm călăuziți de șoapta Duhului Sfânt pentru a fi cât mai eficienți. Trebuie să ne stabilim priroritățile, ce trebuie făcut la început și ce poate fi făcut mai târziu. Putem determina dacă este necesar să facem un pas înainte sau unul înapoi. Roada înfrânării poftelor ne poate ajuta să avem acest fel de discernământ.

Dacă cineva aduce toate roadele Duhului Sfânt pe deplin, aceasta înseamnă că persoana respectivă împlinește voia Duhului

Sfânt în toate lucrurile. Pentru a face voia Duhului Sfânt şi a ne purta cu desăvârşire, trebuie să aducem roada înfrânării poftelor. Din acest motiv, spunem că toate roadele Duhului Sfânt devin desăvârşite cu ajutorul acestei ultime roade a înfrânării poftelor.

Dovezi ale prezenţei roadei înfrânării poftelor

Când alte roade ale Duhului care se nasc în inimă se manifestă în fapte, roada înfrânării poftelor devine ca un centru de arbitraj care creează armonie şi ordine. Chiar dacă primim un lucru bun din partea Domnului, a lua tot ce putem nu este întotdeauna cel mai bun lucru. Spunem că este mai bine să ducem lipsă de un lucru decât să fim îmbuibaţi cu altul. Şi în duhul, trebuie să facem toate lucrurile cu chibzuinţă, lăsându-ne călăuziţi de Duhul Sfânt.

Daţi-mi voie să explic în detaliu cum se manifestă roada înfrânării poftelor.

În primul rând, vom respecta ordinea ierarhică în toate lucrurile.

Când înţelegem care ne este poziţia pe scara ierarhică, vom şti când să acţionăm şi când nu, sau când să vorbim şi când nu. Atunci nu vor apărea dispute, certuri sau neînţelegeri. De asemenea, ne vom purta adecvat şi nu vom face niciun lucru care depăşeşte limitele de autoritate pe care le avem. De exemplu, să presupunem că un lider al unui grup misionar îi cere administratorului să facă un anumit lucru. Administratorul este plin de zel şi crede că are o idee mai bună aşa că schimbă nişte lucruri după cum consideră el că e mai bine. În aces caz, chiar dacă a lucrat cu mare zel, administratorul nu a respectat ordinea ierarhică prin faptul că a făcut nişte schimbări. Acest lucru s-a datorat lipsei de înfrânare a poftelor.

    Lui Dumnezeu Îi place când noi respectăm ordinea ierarhică a diferitelor poziţii din grupurile de misiune din biserică, cum ar fi preşedinte, vice preşedinte, administrator, secretar sau trezorier. S-ar putea ca liderii noştri să facă lucrurile diferit decât le-am face noi. Atunci, chiar dacă ideile noastre sunt mai bune şi cu siguranţă mai eficiente, nu vom putea aduce roadă bună dacă nu respectăm ierarhia şi tulburăm pacea. Satan intervine întotdeauna când pacea este tulburată, iar lucrarea lui Dumnezeu se împotmoleşte. Cu excepţia situaţiei în care un lucru este complet neadevărat, trebuie să ne gândim la tot grupul, să ascultăm şi să căutăm pacea potrivit cu poziţia ierarhică pentru ca toate lucrurile să fie făcute armonios.

În al doilea rând, chiar dacă facem un lucru bun, trebuie să luăm în considerare ce anume, când şi unde este potrivit să îl facem.

De exemplu, a ne ruga cu glas fierbinte în rugăciune este un lucru bun, dar dacă strigăm astfel în orice loc, acest lucru s-ar putea să nu Îi aducă slavă lui Dumnezeu. De asemenea, când predicați Evanghelia sau îi vizitați pe cei pe care îi îndrumați spiritual, trebuie să vă alegeți cuvintele cu discernământ. Chiar dacă înțelegeți anumite lucruri adânc din punct de vedere spiritual, nu puteți să le împărtășiți tuturor. Dacă împărtășiți un lucru care nu este potrivit cu măsura de credință a ascultătorului, s-ar putea ca acesta să se poticnească sau să vă judece.

În unele cazuri, o persoană și-ar putea împărtăși mărturia sau un lucru spiritual pe care l-a înțeles cu oameni care sunt preocupați cu alte lucrări. Chiar dacă conținutul este foarte bun, persoana respectivă nu poate să îi încurajeze pe alții decât dacă o face într-o situație adecvată. Chiar dacă ceilalți îl ascultă din politețe, nu vor putea să fie atenți la spusele omului pentru că sunt preocupați cu altceva. Dați-mi voie să vă dau un alt exemplu. Când mă întâlnesc să discut cu o adunare întreagă sau cu un grup de oameni, dacă un singur om nu se mai oprește din a împărtăși lucrurile pe care le face Dumnezeu, ce s-ar alege de acea întâlnire? Pe de-o parte, persoana respectivă Îi dă slavă lui Dumnezeu și este plină de har și de Duh. Dar, pe de altă parte, folosește tot timpul alocat întregului grup. Acest lucru se datorează lipsei de stăpânire de sine. Chiar dacă faceți un lucru foarte bun, ar trebui să discerneți fiecare situație în parte și să vă înfrânați.

În al treilea rând, nu suntem nerăbdători sau repeziți, ci calmi, astfel încât să putem răspunde în fiecare situație cu discernământ.

Cei care nu se pot stăpâni, sunt nerăbdători și necuviincioși față de alții. Când se grăbesc, puterea de discernământ le este scăzută și s-ar putea să le scape atenției lucruri importante. Se grăbesc să judece și să condamne, lucruri care produc tulburare în rândurile celorlalți. Cei care nu au răbdare să asculte sau răspund altora, fac multe greșeli. Trebuie să ascultăm cu răbdare și să nu întrerupem când cineva vorbește. Trebuie să ascultăm până la sfârșit pentru a putea evita astfel tragerea unor concluzii pripite. Mai mult, în acest fel vom putea înțelege intenția vorbitorului și vom putea răspunde conform contextului.

Înainte să fi primit Duhul Sfânt, Petru era nerăbdător și impulsiv. A încercat cu disperare să se stăpânească înaintea lui Isus, dar firea lui îl dădea de gol din când în când. Când Isus i-a spus lui Petru că urma să se lepede de El înainte de răstignire, Petru L-a mustrat imediat pe Isus și a spus că el nu se va lepăda niciodată de Domnul.

Dacă Petru ar fi avut roada înfrânării poftelor, nu numai că nu ar fi ripostat, dar ar fi căutat să și răspundă adecvat. Dacă L-ar fi cunoscut pe Isus ca Fiul lui Dumnezeu și ar fi înțeles că Acesta nu ar fi spus niciodată un lucru neadevărat, ar fi luat aminte la cuvintele rostite. Dacă ar fi făcut astfel, ar fi fost suficient de precaut încât să evite cele întâmplate. Discernământul corespunzător, care ne ajută să răspundem potrivit cu situația, vine din înfrânarea poftelor.

Evreii erau foarte mândri. Se mândreau foarte mult cu faptul că țineau Legea lui Dumnezeu cu mare strictețe. De vreme ce Isus a mustrat pe farisei și pe saduchei, conducătorii politici și religioși ai vremii respective, aceștia nu Îl prea aveau la inimă. În special, când Isus a spus că El este Fiul lui Dumnezeu, ei au considerat aceasta a fi blasfemie. Era aproape de vremea la care se ținea Sărbătoarea Corturilor. La vremea recoltei, evreii făceau corturi în care stăteau pe perioada celebrării pentru a comemora exodul și pentru a-I da slavă lui Dumnezeu. De regulă, oamenii se suiau la Ierusalim ca să țină sărbătoarea.

Dar Isus nu intenționa să se ducă la Ierusalim chiar dacă era aproape vremea Sărbătorii Corturilor. Frații lui L-au îndemnat să meargă la Ierusalim că să facă minuni și să se facă cunoscut oamenilor pentru a le câștiga simpatia (Ioan 7:3-5). Ei au spus: „Nimeni nu face ceva în ascuns, când caută să se facă cunoscut" (v. 4). Chiar dacă un lucru pare rezonabil, s-ar putea să nu aibă nimic de-a face cu Dumnezeu dacă nu este după voia Lui. Din cauza modului lor de gândire, chiar și frații lui Isus au crezut că nu era bine ca Acesta să aștepte în tăcere să Îi vină vremea.

Dacă Isus nu ar fi avut roada înfrânării poftelor, S-ar fi dus la Ierusalim imediat pentru a Se face cunoscut. Dar El nu a fost influențat de cuvintele fraților Săi ci a așteptat să vină vremea potrivită ca voia lui Dumnezeu să fie cunoscută. Mai apoi S-a dus la Ierusalim pe nevăzute, după ce toți frații Lui se duseseră acolo. El a acționat potrivit cu voia lui Dumnezeu, știind exact când să meargă și când să stea locului.

Dorința de a aduce roada înfrânării poftelor

Când vorbim cu alții, de multe ori cuvintele lor sunt diferite decât intențiile din inimă. Unii încearcă să arate greșelile altora ca să și le ascundă pe ale lor. S-ar putea să ceară ceva ca să-și satisfacă pofta, dar cer așa încât să se creadă că cer acel lucru pentru altcineva. Arată ca și cum ar căuta să afle voia lui Dumnezeu dar, de fapt, încearcă numai să primească răspunsul pe care ei îl vor. Dar, dacă stăm cu ei de vorbă pe-ndelete, vom putea vedea că, în cele din urmă, intenția inimii lor va ieși la iveală.

Cei care își înfrânează poftele nu vor fi influențați prea ușor de cuvintele oamenilor. Ei vor putea să asculte cu răbdare spusele altora și vor putea discerne adevărul prin călăuzirea Duhului Sfânt. Dacă discern lucrurile, înfrânându-și firea și răspunzând calm, vor putea să minimalizeze riscul de a face greșeli care altfel ar conduce la decizii greșite. În același timp, cuvintele lor vor fi însoțite de autoritate și de putere, și astfel vor avea un impact mai mare asupra celorlalți. Dar cum putem aduce această importantă roadă a înfrânării poftelor?

Mai întâi, trebuie să avem inimi statornice.

Trebuie să cultivăm inimi pline de adevăr, fără nicio fățărnicie sau răutate. Doar atunci vom avea puterea de a face ceea ce decidem să facem. Bineînțeles, nu vom putea cultiva acest fel de inimă peste noapte. Trebuie să învățăm continuu, începând cu a ne păzi inima în lucruri mici.

Un dascăl avea mai mulți ucenici. Într-o zi, pe când treceau printr-o piață, unii vânzători au interpretat ceva greșit despre ei și i-au luat la rost. Ucenicii s-au umplut de mânie și au început să se certe, dar dascălul a rămas calm. După ce s-au întors de la piață, dascălul a scos din dulap un teanc de scrisori pline de acuzații nefondate la adresa lui.

Le-a arătat ucenicilor și a spus: „Nu pot evita a fi înțeles greșit. Dar nu îmi pasă dacă sunt înțeles greșit de oameni. Nu pot evita prima murdărie care mi se aruncă în față, dar pot evita nebunia de a primi o a doua murdărie."

În cazul nostru, prima murdărie se referă la a deveni obiectul de bârfă al oamenilor. A doua murdărie se referă la a avea resentimente față de acei oameni și a intra în conflicte și a se lua la ceartă cu ei din cauza acelor bârfe.

Dacă am putea avea o inimă asemenea acestui dascăl, nu vom fi afectați de nicio situație. Dimpotrivă, vom putea să ne păzim inimile și vom fi plini de pace. Cei care își pot păzi inimile, se pot înfrâna în toate lucrurile. Măsura în care ne lepădăm de tot felul de rău, cum ar fi ura, invidia și gelozia, este măsura în care Dumnezeu va avea încredere în noi și ne va iubi.

Lucrurile pe care părinții mei m-au învățat în copilărie m-au ajutat foarte mult în lucrarea mea de pastor. Pe lângă faptul că am învățat cum să vorbesc, să umblu și să mă comport cuviincios, am învățat cum să îmi păzesc inima și să îmi înfrânez poftele. Odată ce ne hotărâm într-o privință, trebuie să rămânem statornici și să nu ne răzgândim, căutându-ne folosul propriu. După ce facem astfel de multe ori, vom ajunge să avem o inimă statornică și vom dobândi puterea de a ne înfrâna poftele.

Mai apoi, trebuie să învățăm să ascultăm de dorințele Duhului Sfânt prin a nu judeca pripit, pe baza primei impresii.

Măsura în care ne însuşim Cuvântul lui Dumnezeu este măsura în care Duhul Sfânt ne ajută să Îi auzim vocea prin Cuvântul pe care ni-l însuşim. Dacă suntem acuzaţi pe nedrept, Duhul Sfânt ne spune să iertăm şi să iubim. După aceasta, vom putea lua în considerare posibilitatea ca persoana respectivă să fi avut un motiv întemeiat să se poarte ca atare. Mai mult, trebuie să încercăm să îi corectăm înţelegerea greşită, explicându-i lucrurile într-o manieră amicală. Dar, dacă inima noastră conţine mult neadevăr, prima voce pe care o vom auzi va fi cea a lui Satan. „Dacă trec cu vederea acest lucru, va continua să mă privească de sus. Trebuie să îl învăţ o lecţie." Chiar dacă am auzi vocea Duhului Sfânt, ne va fi uşor să o ignorăm din cauză că va fi acoperită de glasul puternic al gândurilor încărcate de rău.

De aceea, vom putea auzi vocea Duhului Sfânt când ne vom lepăda cu sârguinţă de tot neadevărul din inimă şi o vom umple cu Cuvântul lui Dumnezeu. Pe măsură ce ascultăm de vocea Duhul Sfânt, oricât de imperceptibilă ni s-ar părea, vom putea recunoaşte vocea Duhului din ce în ce mai bine. Trebuie să încercăm să auzim mai întâi ceea ce ne spune Duhul Sfânt în loc de ceea ce ni se pare nouă urgent sau ce credem că este bine. Mai apoi, după ce Îi auzim vocea şi primim îndemnul Lui, trebuie să ascultăm şi să punem în practică ceea ce ni s-a spus. Pe măsură ce ne deprindem să fim atenţi şi să ascultăm de dorinţele Duhului Sfânt şi să le punem în practică, vom putea discerne chiar şi vocea mai puţin perceptibilă a Duhului Sfânt. Atunci vom avea armonie în toate lucrurile.

Într-un sens, s-ar putea să arate ca şi cum înfrânarea poftelor este mai puţin remarcabilă din toate roadele Duhului Sfânt. Dar această roadă este necesară în toate domeniile în care celelalte roade se aplică. Roada înfrânării poftelor controlează toate celelalte opt roade: dragostea, bucuria, pacea, îndelunga răbdare, bunătatea, facerea de bine, credincioșia și blândețea. Mai mult, toate celelalte opt roade vor fi făcute desăvârșite numai prin roada înfrânării poftelor. Din acest motiv, această ultimă roadă, a înfrânării poftelor, este foarte importantă.

Fiecare din aceste roade ale Duhului Sfânt este mai de preț și mai frumoasă decât orice piatră prețioasă din această lume. Când aducem roadele Duhului Sfânt, vom putea primi orice cerem în rugăciune și ne va merge bine în toate lucrurile. De asemenea, slava lui Dumnezeu se va descoperi când puterea și autoritatea Luminii se va manifesta prin noi în această lume. Nădăjduiesc că veți aduce roadele Duhului Sfânt și veți tânji după ele mai mult decât după orice comoară din această lume.

Galateni 5:22-23

„Roada Duhului, dimpotrivă, este:

dragostea, bucuria, pacea, îndelunga răbdare,

bunătatea, facerea de bine, credincioşia, blândeţea, înfrânarea

poftelor.

Împotriva acestor lucruri nu este lege."

Capitolul 11

Împotriva acestor lucruri nu este lege

Ați fost chemați la libertate
Umblați prin Duhul
Prima dintre cele nouă roade este dragostea
Împotriva acestor lucruri nu este lege

Împotriva acestor lucruri nu este lege

Apostolul Pavel era un evreu dintre evrei și mergea la Damasc să aresteze creștinii. Însă, pe drum, L-a întâlnit pe Domnul și s-a pocăit. La acea vreme el nu cunoștea adevărul Evangheliei și anume că oamenii puteau fi mântuiți prin credința în Isus Cristos dar, după ce a primit darul Duhului Sfânt, a dus Evanghelia la multe neamuri, după cum l-a călăuzit Duhul Sfânt.

Cele nouă roade ale Duhului Sfânt sunt menționate în capitolul 5 din cartea Galateni, una dintre epistolele lui Pavel. Dacă cunoaștem situația din acea vreme, vom putea înțelege de ce le-a scris Pavel galatenilor și cât este de important pentru creștini să aducă roada Duhului.

Ați fost chemați la libertate

În prima călătorie misionară, Pavel s-a dus în Galatia. La sinagogă, nu a predicat despre Legea lui Moise și despre tăierea împrejur, ci doar despre Evanghelia lui Isus Cristos. Cuvintele lui au fost întărite prin semne și mulți oameni au primit mântuirea. Credincioșii din biserica din Galatia l-au iubit atât de mult încât, dacă ar fi fost posibil, și-ar fi scos ochii să-i dea lui Pavel.

După ce a încheiat prima călătorie misionară și s-a întors la Antiohia, s-a iscat o problemă în biserică. Au venit unii din Iudea și au învățat pe cei dintre neamuri că trebuie să se taie împrejur pentru a primi mântuirea. Pavel și Barnaba au avut niște neînțelegeri și discuții aprinse cu aceștia.

Frații au decis să trimită pe Pavel, pe Barnaba și pe încă câțiva la Ierusalim, la apostoli și presbiteri, ca să discute aceste neînțelegeri. Doreau să clarifice cum se vor raporta la Legea lui Moise în timp ce predică Evanghelia la neamuri în biserica din Antiohia și Galatia.

Când citim în capitolul 15 din Faptele Apostolilor descrierea împrejurărilor de dinainte și de după sinodul din Ierusalim, ne putem da seama cât de serioasă era situația la momentul respectiv. Apostolii, care erau ucenici ai lui Isus, presbiterii și reprezentanții bisericii s-au strâns și au purtat discuții aprinse, iar în final au convenit ca neamurile să se ferească de lucrurile jertfite idolilor, de curvie, de dobitoace sugrumate și de sânge.

Au trimis oameni la Antiohia să ducă scrisoarea oficială cu concluzia la care ajunsese sinodul din Ierusalim pentru că Antiohia era centrul pentru evanghelizarea neamurilor. Au dat libertate neamurilor cu privire la Legea lui Moise pentru că le-ar fi fost foarte greu să țină Legea ca evreii. În acest fel, oricine dintre neamuri puteau primi mântuirea prin credința în Isus Cristos.

Astfel, în Faptele Apostolilor 15:28-29 citim: „Căci s-a părut nimerit Duhului Sfânt și nouă să nu mai punem peste voi nicio altă greutate decât ceea ce trebuie, adică: să vă feriți de lucrurile jertfite idolilor, de sânge, de dobitoace sugrumate și de curvie, lucruri de care, dacă vă veți păzi, va fi bine de voi. Fiți sănătoși!"

Concluzia sinodului de la Ierusalim a fost transmisă bisericilor, dar cei care nu înțelegeau adevărul Evangheliei și calea crucii continuau să învețe în biserici că noii convertiți trebuie să țină Legea lui Moise. Au mai apărut prin biserici și niște profeți falși care agitau credincioșii și îl criticau pe Pavel că nu ține Legea.

Când a avut loc un astfel de incident în biserica din Galatia, apostolul Pavel a scris despre libertatea creștinilor în epistola sa. În aceasta, după ce a menționat că obișnuia să țină Legea lui Moise cu strictețe și că, după ce L-a întâlnit pe Domnul, a devenit un apostol al neamurilor, i-a provocat cu adevărul Evangheliei, spunându-le: „Iată numai ce voiesc să știu de la voi: prin faptele Legii ați primit voi Duhul ori prin auzirea credinței? Sunteți așa de nechibzuiți? După ce ați început prin Duhul, vreți acum să sfârșiți prin firea pământească? În zadar ați suferit voi atât de mult? Dacă în adevăr, e în zadar! Cel ce vă dă Duhul și face minuni printre voi le face oare prin faptele Legii sau prin auzirea credinței?" (Galateni 3:2-5)

El a afirmat că Evanghelia lui Isus Cristos pe care o propovăduia era adevărată deoarece le fusese descoperită de Dumnezeu și că nu era nevoie ca neamurile să primească tăierea împrejur în trupul lor, fiindcă tăierea împrejur a inimii era mai importantă. De asemenea, el i-a învățat despre dorințele firii și cele ale Duhului Sfânt și despre lucrările firii și roadele Duhului Sfânt. A vrut să îi facă să înțeleagă cum trebuia să-și folosească libertatea pe care o primiseră prin adevărul Evangheliei.

Umblați prin Duhul

De ce a dat Dumnezeu Legea lui Moise? Pentru că oamenii erau păcătoși și nu aveau cunoștința păcatului. Prin lege, Dumnezeu le-a dat cunoștința păcatului și i-a lăsat să încerce să rezolve problema păcatului și să ajungă la neprihănirea lui Dumnezeu. Însă, prin faptele legii nu se putea rezolva problema păcatului pe deplin. Din acest motiv, Dumnezeu a dat oamenilor puterea de a ajunge la neprihănire prin credința în Isus Cristos. În Galateni 3:13-14 citim: „Hristos ne-a răscumpărat din blestemul Legii, făcându-Se blestem pentru noi - fiindcă este scris: «Blestemat e oricine este atârnat pe lemn» - pentru ca binecuvântarea vestită lui Avraam să vină peste Neamuri, în Hristos Isus, așa ca, prin credință, noi să primim Duhul făgăduit."

Aceasta nu înseamnă însă că legea a fost desființată. Astfel, Isus spune în Matei 5:17: „Să nu credeți că am venit să stric Legea sau

Prorocii; am venit nu să stric, ci să împlinesc", iar în versetul 20 îi avertizează pe oameni astfel: „Căci vă spun că, dacă neprihănirea voastră nu va întrece neprihănirea cărturarilor şi a fariseilor, cu niciun chip nu veţi intra în Împărăţia cerurilor".

Apostolul Pavel se adresează credincioşilor din biserica din Galatia astfel: „Copilaşii mei, pentru care iarăşi simt durerile naşterii, până ce va lua Hristos chip în voi!" (Galateni 4:19), iar în final îi sfătuieşte, spunând: „Fraţilor, voi aţi fost chemaţi la slobozenie. Numai nu faceţi din slobozenie o pricină ca să trăiţi pentru firea pământească, ci slujiţi-vă unii altora în dragoste. Căci toată Legea se cuprinde într-o singură poruncă: «Să iubeşti pe aproapele tău ca pe tine însuţi». Dar, dacă vă muşcaţi şi vă mâncaţi unii pe alţii, luaţi seama să nu fiţi nimiciţi unii de alţii." (Galateni 5:13-15)

În calitate de copii ai lui Dumnezeu, care L-au primit pe Duhul Sfânt, ce ar trebui să facem pentru a sluji unii altora în dragoste până când ia Cristos chip în noi? Trebuie să umblăm prin Duhul Sfânt pentru a nu împlini poftele firii pământeşti. Putem iubi pe aproapele nostru şi putem avea chipul lui Dumnezeu în noi dacă aducem cele nouă roade ale Duhului Sfânt prin călăuzirea Lui.

Isus Cristos a luat asupra Lui blestemul Legii şi a murit pe cruce deşi era fără vină, iar prin El noi am primit eliberare. Pentru a nu ajunge din nou robi ai păcatului, trebuie să aducem roada Duhului.

Dacă păcătuim din nou după ce am fost eliberaţi şi Îl răstignim iar pe Domnul prin lucrările firii, nu vom moşteni Împărăţia Cerurilor. Însă, dacă aducem roada Duhului, umblând prin Duhul, Dumnezeu ne va proteja aşa încât duşmanul divolul şi

Satana nu se vor atinge de noi. Mai mult, vom primi orice cerem în rugăciune.

„Preaiubiților, dacă nu ne osândește inima noastră, avem îndrăzneală la Dumnezeu. Și orice vom cere vom căpăta de la El, fiindcă păzim poruncile Lui și facem ce este plăcut înaintea Lui. Și porunca Lui este să credem în Numele Fiului Său, Isus Hristos, și să ne iubim unii pe alții, cum ne-a poruncit El. Cine păzește poruncile Lui rămâne în El, și El în el. Și cunoaștem că El rămâne în noi prin Duhul pe care ni L-a dat" (1 Ioan 3:21-23).

„Știm că oricine este născut din Dumnezeu nu păcătuiește, ci Cel născut din Dumnezeu îl păzește, și cel rău nu se atinge de el" (1 Ioan 5:18).

Putem aduce roada Duhului și ne putem bucura de libertate adevărată ca și creștini când avem credința de a umbla în Duhul și credința care lucrează prin dragoste.

Prima dintre cele nouă roade este dragostea

Prima dintre cele nouă roade ale Duhului este dragostea. Descrierea din 1 Corinteni 13 se referă la dragostea necesară cultivării dragostei spirituale. Dragostea ca una din roadele Duhului Sfânt este la un nivel mai înalt; este dragostea nelimitată și fără de sfârșit, care împlinește legea. Este dragostea lui Dumnezeu și a lui Isus Cristos. Dacă avem o astfel de dragoste, ne putem sacrifica pe noi înșine pe deplin cu ajutorul Duhului Sfânt.

Putem aduce roada bucuriei în măsura în care cultivăm această dragoste, ca să putem fi fericiți și să ne putem bucura în toate circumstanțele. În acest fel, nu vom avea probleme cu nimeni și vom putea aduce roada păcii.

Când trăim în pace cu Dumnezeu, cu noi înșine și cu ceilalți, roada răbdării va veni de la sine. Răbdarea pe care o dorește Dumnezeu este starea în care nu mai este nevoie să îndurăm pentru că vom avea bunătate și adevăr în noi pe deplin. Dacă avem dragoste adevărată, putem înțelege și accepta pe oricine, fără a avea sentimente negative. Prin urmare, nu va mai fi nevoie să îi iertăm sau să-i răbdăm în inima noastră.

Când suntem răbdători cu alții prin facere de bine, vom aduce roada bunătății. Dacă în facerea de bine suntem răbdători chiar și cu cei pe care nu îi înțelegem, atunci le vom putea arăta bunăvoință. Chiar dacă fac lucruri total ieșite din comun, le vom înțelege punctul de vedere și îi vom accepta.

Cei care aduc roada bunătății vor avea și roada facerii de bine. Îi vor pune pe alții mai presus de ei înșiși și vor căuta atât interesele altora cât și pe ale lor proprii. Nu se vor certa cu nimeni și nu își vor ridica glasul. Vor avea inima Domnului care nu frânge trestia ruptă și nu stinge un muc care fumegă. Dacă aduceți o astfel de roadă a bunătății, nu vă veți impune părerea, ci veți fi plini de blândețe și credincioșie în toată casa lui Dumnezeu.

Oamenii blânzi nu devin o pricină de poticnire pentru nimeni și pot trăi în pace cu oricine. Ei au o inimă generoasă și nu judecă, nici nu condamnă pe nimeni, ci îi înțeleg și îi acceptă pe ceilalți.

Pentru a aduce roada dragostei, a bucuriei, a păcii, a îndelungii răbdări, a bunătății, a facerii de bine, a credincioșiei și a blândeții în armonie este nevoie de înfrânarea poftelor sau stăpânire de sine. Este bine să le avem pe toate din belșug în Dumnezeu, dar lucrările Lui trebuie făcute în orânduială. Avem nevoie de stăpânire de sine ca să nu întrecem măsura în nimic, chiar dacă este vorba despre un lucru bun. Pe măsură ce împlinim voia Duhului Sfânt în acest fel, Dumnezeu face ca toate lucrurile să lucreze împreună spre binele nostru.

Împotriva acestor lucruri nu este lege

Mângâietorul, adică Duhul Sfânt, călăuzește pe copiii lui Dumnezeu în tot adevărul ca să se poată bucura de adevărata libertate și fericire. Libertatea adevărată înseamnă mântuire de păcate și eliberarea de sub puterea Satanei care încearcă să ne oprească din a-L sluji pe Dumnezeu și din a ne bucura de o viață fericită. De asemenea, este o fericire pe care o câștigăm prin părtășie cu Dumnezeu.

După cum citim în Romani 8:2 – „În adevăr, legea Duhului de viață în Hristos Isus m-a izbăvit de legea păcatului și a morții" – izbăvirea poate fi câștigată doar prin credința în Isus Cristos și umblare în lumină. Această libertate nu poate fi obținută prin putere omenească. Nu poate fi atinsă fără harul lui Dumnezeu; este o binecuvântare de care ne putem bucura mereu atâta timp cât rămânem în credință.

Isus a spus în Ioan 8:32: „Veți cunoaște adevărul, și adevărul vă va face slobozi." Libertatea înseamnă adevărul, care este neschimbător. Adevărul ne dă viață și ne conduce la viața veșnică. În lumea aceasta schimbătoare, care se îndreaptă spre pieire, nu este adevăr; doar Cuvântul lui Dumnezeu care nu se schimbă niciodată este adevăr. A cunoaște adevărul înseamnă a cunoaște Cuvântul lui Dumnezeu, a-L memora și a-L pune în practică.

Nu este întotdeauna ușor să punem în aplicare adevărul. Oamenii au învățat multe neadevăruri înainte să-L cunoască pe

Dumnezeu și acestea îi împiedică să aplice Cuvântul lui Dumnezeu. Legea firii care tinde să meargă după neadevăr și legea Duhului de viață sunt potrivnice una alteia (Galateni 5:17). Această luptă pentru a câștiga slobozenia pe care o dă adevărul va continua până când vom avea o credință fermă și vom sta pe stânca credinței care nu se clatină niciodată.

Când stăm fermi pe stânca credinței, pare mai ușor de dus lupta cea bună. Vom putea să ne bucurăm pe deplin de libertatea pe care o dă adevărul când ne lepădăm de tot răul și ne sfințim. Nu vom fi nevoiți să mai ducem lupta cea bună pentru că vom trăi în adevăr tot timpul. Nimeni nu ne poate opri din a trăi în libertatea pe care o dă adevărul dacă aducem roada Duhului Sfânt prin călăuzirea Lui.

De aceea, în Galateni 5:18 scrie: „Dacă sunteți călăuziți de Duhul, nu sunteți sub Lege", iar în următoarele versete, 22-23, citim: „Roada Duhului, dimpotrivă, este: dragostea, bucuria, pacea, îndelunga răbdare, bunătatea, facerea de bine, credincioșia, blândețea, înfrânarea poftelor. Împotriva acestor lucruri nu este lege."

Mesajul despre cele nouă roade ale Duhului Sfânt este precum o cheie care deschide poarta binecuvântărilor. Însă, poarta nu se deschide de la sine doar pentru că avem cheia. Trebuie să punem cheia în broască și să o descuiem. Același lucru este valabil și în cazul Cuvântului lui Dumnezeu. Oricât de multe auzim, aceasta nu înseamnă că deja stăpânim acele lucruri. Putem primi binecuvântările din Cuvântul lui Dumnezeu doar când îl punem în practică.

În Matei 7:21 citim: „Nu oricine-Mi zice: «Doamne, Doamne!» va intra în Împărăția cerurilor, ci cel ce face voia

Tatălui Meu care este în ceruri", iar în Iacov 1:25 scrie: „Dar cine își va adânci privirile în legea desăvârșită, care este legea slobozeniei, și va stărui în ea, nu ca un ascultător uituc, ci ca un împlinitor cu fapta, va fi fericit în lucrarea lui".

Pentru a primi dragostea și binecuvântările lui Dumnezeu este important să înțelegem care sunt roadele Duhului Sfânt, să ne gândim la ele și să le aducem prin aplicarea Cuvântului lui Dumnezeu în viețile noastre. Dacă aducem roadele Duhului Sfânt pe deplin prin practicarea adevărului, ne vom bucura de adevărata libertate dată de umblarea în adevăr. Vom auzi cu claritate vocea Duhului Sfânt și vom fi călăuziți în toate căile ca să avem succes în toate lucrurile. Mă rog în numele Domnului să vă bucurați de mare cinste atât pe pământ cât și în Noul Ierusalim, destinația finală a credinței noastre.

Autorul:
Dr. Jaerock Lee

Dr. Jaerock Lee s-a născut în anul 1943 în Muan, provincia Jeonnam din Republica Coreea. În jurul vârstei de douăzeci de ani, s-a îmbolnăvit de nenumărate boli incurabile din cauza cărora a suferit timp de șapte ani și își aștepta moartea fără speranța vindecării. Însă, într-o zi din primăvara anului 1974, condus fiind de sora sa la o biserică, în momentul în care a îngenunchiat să se roage, Dumnezeul cel Viu l-a vindecat instantaneu de toate bolile.

Din momentul în care dr. Lee L-a întâlnit pe Dumnezeul cel Viu prin acea experiență minunată, L a iubit din toată inima și cu toată sinceritatea, iar în anul 1978 a fost chemat să fie un slujitor al lui Dumnezeu. S-a rugat stăruitor și a postit ca să înțeleagă voia lui Dumnezeu cu claritate, să o împlinească pe deplin și să asculte de Cuvântul lui Dumnezeu. În anul 1982, a fondat Biserica Centrală Manmin în Seul, Coreea de Sud, biserică în care au avut loc nenumărate lucrări ale lui Dumnezeu, inclusiv vindecări miraculoase și minuni.

În 1986, dr. Lee a fost ordinat ca pastor în cadrul întâlnirii anuale a bisericii „Jesus' Sungkyul Church of Korea", iar patru ani mai târziu, în 1990, predicile sale au început să fie transmise în Australia, Rusia și Filipine. La scurt timp, s-au transmis în multe alte țări de către Far East Broadcasting Company, Asia Broadcast Station și Washington Christian Radio System.

Trei ani mai târziu, în 1993, Biserica Centrală Manmin a fost selecționată printre „Primele 50 de biserici din lume" de către revista Christian World (din S.U.A.), iar pastorul Jaerock Lee a primit din partea colegiului Christian Faith College, Florida, S.U.A. titlul de doctor onorific în teologie. În 1996 termină doctoratul în domeniul slujirii creștine la Kingsway Theological Seminary, statul Iowa, din S.U.A.

Începând din anul 1993, dr. Lee a preluat un loc de conducere în misiunea mondială prin nenumărate campanii de evanghelizare ținute peste hotare, în Tanzania, Argentina, în S.U.A în orașele: Los Angeles, Baltimore, New York, în statul Hawaii, în Uganda, Japonia, Pakistan, Kenya, Filipine, Honduras, India, Rusia, Germania, Peru, Republica Democrată Congo, Israel și în Estonia.

În 2002, publicații creștine foarte cunoscute din Coreea l-au numit un „inițiator de treziri spirituale în lumea întreagă" datorită lucrărilor sale pline de putere din însemnate campanii de evanghelizare din străinătate. Campania „New York Crusade 2006", care s-a ținut în cea mai faimoasă arenă din lume, Madison Square Garden, a fost transmisă în 220 de țări, iar în Campania „Israel United Crusade 2009", care s-a ținut la centrul International Convention Center (ICC) din Ierusalim, a proclamat cu îndrăzneală că Isus Cristos este Mesia și Mântuitorul.

Predicile sale sunt transmise în 176 de țări prin satelit, inclusiv prin GNC TV. Dr. Lee a fost numit unul din primii 10 lideri creștini cu influența cea mai mare în 2009 și 2010 de către revista creștină rusească In Victory și de către agenția de știri Christian Telegraph datorită emisiunilor sale televizate și a lucrării sale internaționale de păstorire.

În octombrie 2013, numărul membrilor Bisericii Centrale Manmin era de peste 120.000. Biserica are 10.000 de filiale în lume, care includ cele 56 de filiale din țară și are peste 123 de misionari trimiși în 23 de țări, inclusiv S.U.A, Rusia, Germania, Canada, Japonia, China, Franța, India, Kenya și în multe alte țări.

Până la data publicării acestei cărți, dr. Lee a scris 88 de cărți, inclusiv cărțile de mare succes Gustând viața veșnică înainte de moarte, Viața mea, credința mea - volumele I și II, Mesajul crucii, Măsura credinței, Cerul - volumele I și II, Iadul, Trezește-te Israel și Puterea lui Dumnezeu. Scrierile sale au fost traduse în peste 76 de limbi.

Articolele sale creștine apar în publicațiile Hankook Ilbo, JoongAng Daily, The Chosun Ilbo, The Dong-A Ilbo, The Munhwa Ilbo, The Seoul Shinmun, The Kyunghyang Shinmun, The Korea Economic Daily, The Korea Herald, The Shisa News și The Christian Press.

Dr. Lee deține în prezent funcții de conducere în cadrul mai multor organizații și asociații misionare printre care amintim: președinte al consiliului bisericii United Holiness Church of Christ, președinte al Misiunii Mondiale Manmin (Manmin World Mission), președinte permanent al asociației World Christianity Revival Mission Association, fondatorul și președintele consiliului de conducere al rețelei Global Christian Network (GCN), fondatorul și președintele consiliului director al rețelei World Christian Doctors Network (WCDN) și al Seminarului Internațional Manmin (Manmin International Seminary -MIS).

Alte cărţi importante scrise de acelaşi autor

Cerul I & II

O schemă detaliată a superbului ambient de locuit de care cetăţenii cerurilor se bucură în mijlocul slavei lui Dumnezeu, şi descrierea întregului rai ce este alcătuit din cinci nivele de împărăţii cereşti.

Viaţa Mea, Credinţa Mea I & II

O aromă foarte duhovnicească extrasă din viaţa care a înmugurit cu o iubire nemărginită pentru Dumnezeu, în mijlocul valurilor negre şi a celei mai mari disperări.

Gustând Viaţa Înainte de Moarte

Memoriile Reverendului Dr. Jaerock Lee, care a renăscut şi a fost mântuit din valea morţii şi care, de atunci, duce o viaţă de creştin exemplară.

Măsura Credinţei

Tipurile de locaşuri, de cununi şi de recompense care vă aşteaptă în împărăţia cerurilor. Această carte vă oferă înţelepciune şi îndrumare pentru a vă măsura credinţa şi pentru a vă cultiva cea mai bună şi cea mai matură credinţă.

Iadul

Un mesaj important către toată omenirea din partea lui Dumnezeu, care nu doreşte să vadă nici măcar un suflet căzut în adâncurile iadului! Veţi descoperi povestea care nu a mai fost spusă niciodată, cea a crudei realităţi despre Hades şi iad.

www.urimbooks.com

www.ingramcontent.com/pod-product-compliance
Lightning Source LLC
LaVergne TN
LVHW021815060526
838201LV00058B/3399